关保英 主编

# 行政法史料汇编

## 1949—1965

## 工业交通行政法

中国法制出版社
CHINA LEGAL PUBLISHING HOUSE

# 总序

Preface

《行政法史料汇编》系上海政法学院行政法学重点学科建设的阶段性成果。上海政法学院行政法学学科先后被立项为上海市重点学科（2006）、上海市教育委员会行政法学重点学科（2009）、中央财政支持地方高校建设行政法学重点学科（2010）等重点建设项目，在项目建设过程中，学科凝练了三个建设方向，分别为行政法基础理论与应用、部门行政法、公共政策与行政法治。其中，行政法基础理论与应用方向中的“行政法史”为颇具特色的学科建设内容。上海政法学院行政法学科组成员在行政法专题史、断代史、国别史研究方面形成了一系列研究课题，已出版的著作涵盖了行政法制史、行政法思想史、行政法认识史、行政法奠基史等一系列重要的理论成果。

1949年10月1日中华人民共和国成立，彻底结束了旧中国半殖民地半封建的历史。新中国的成立使千年中华大地发生了翻天覆地的变化，这种巨大变化的背后是各种混沌亟待解决，新中国成立初期的行政管理处于探索阶段，这时的行政法主要解决国家重建过程中的各类重要问题，使满目疮痍的国家重现生机。这时期我国的行政法由于没有一套较为科学的系统性的行政法治建设思想体系，呈现出零散性、对事性、滞后性、原则性和试验性的特点，同时具有很浓厚的践行共产主义的时代特征，很长时间内处于有问题解决问题的弥补状态。本丛书通过对1949年12月至1965年12月间，由政务院（国务院）、中央人民政府委员会、公安部、内务部等国家机关批注与发布的税收、商业、经济、工业交通、农业、社会方面的行政法令、法规进行整理和汇编，力求全面呈现新中国成立初期各领域的行政法律制度内容。以期全面、客观地呈现在缺少行政法治体系总体规划以及相应时间表的历史阶段中，我国行政法的主要任务是什么、是如何设计运行的、体现了何种时代特征，以及我国是如何探索出一套具有中国特色社会主义的行政法治体系建设理论的。通过梳理当时的法律制度建设过程，为新中国成立初期行政法律制度研究提供较为详实的历史资料。

“史料汇编”系列的整理和出版是为理论研究所做的基础性工作，同时又使一些散见的法律文献整体再现。该汇编具有以下两个方面的重要价值：其一，对新中国成立初期的行政法组织法规进行了系统的梳理，在一定程度上保护了这些较为珍贵的历史文献。并通过体系化的梳理工作，使其形成了较为完整的体系结构，从效力层级到历史沿革，都做出了较为详细的说明，从而具有较高的文献价值。其二，与我校以前编著的《陕甘宁边区行政法概论》《行政组织法史料汇编与点评：1950—1960》等史料汇编丛书衔接，系统阐述了新中国成立初期行政法观、陕甘宁行政法体系、行政法的渊源和实践基础等，为探索研究我国早期行政法提供一套完整、成体系的行政法制度史料，为读者直观地呈现我国各个行政领域内的行政法建设经历和各种制度创新过程。

本丛书以中国法制出版社出版的《中华人民共和国法规汇编》为基础，编选、整理中华人民共和国成立初期（1949—1965）的行政法规、部门规章以及规范性文件，并做适当的技术性分类。

# 目录

Contents

## 工业行政法篇

# 工业行政法篇

# 1.铁路留用土地办法

（1950年6月24日政务院公布）

**第一条** 铁路路基高度在三公尺以内者，双轨线自线路中心起，两旁各留地三十公尺，单轨线自轨道中心起，两旁各留地二十公尺，铁路大桥头两旁各留地六十公尺。

特殊地形之桥头及路基，与路基高度超过3公尺者，按实际需要增加用地。

**第二条** 原有铁路路基地产未经破毁有案可稽者，仍照原旧地界留除，不适用前条之规定。

**第三条** 土改时误将沿线铁路有案有图可考之土地分配者，由地方政府以公地或其它土地交换，将铁路土地交还。

**第四条** 被毁线路在未修复前，及已测定尚未敷轨之线路在敷线前，其土地均应照原界保留，但在不损害原有工程范围内，可由地方政府利用生产，铁路使用时，再行收回。铁路决定使用该地时，应尽可能于播种前通知收回。如已播种，因使用急迫收回时，视耕种者之生活状况，有补助必要者，得酌予补助之。

**第五条** 铁路原有之站、段、场（包括农场、林场、牧场等）、厂、所等用地，仍照原界予以保留。

**第六条** 铁路因建筑关系，原有土地不敷应用或有新设施需要土地时，由路局通过地方政府收买或征购之。

**第七条** 本办法公布后，前华北人民政府规定之公路铁路留用土地办法内关于铁路用地部分，应即作废。

## 2. 中华人民共和国矿业暂行条例

（1950年12月22日政务院第六十四次政务会议通过
1951年4月18日政务院公布）

### 第一章　总　则

**第一条**　全国矿藏，均为国有，如无须公营或划作国家保留区时，准许并鼓励私人经营。

**第二条**　煤矿、石油矿、油页岩矿、天然气矿，由中央人民政府燃料工业部主管，其他各矿，由中央人民政府重工业部主管。

**第三条**　探矿或采矿申请案，经中央主管矿业机关审查核定后，如属公营者，发给探矿或采矿许可执照，如属私营者，发给探矿或采矿租用执照。

公私合营矿业，由政府主持者视同公营，由私人主持者视同私营。

**第四条**　探矿或采矿申请案，无论公营或私营，经中央主管矿业机关审查，认为有左列情事之一时，均得划作国家保留区：

一、国内储量不丰，须留备国防紧急时之需要者；

二、有国防秘密性之矿质，必须留待指定机构经营者；

三、现时生产能力已经超过需要量甚多，最近数年内无需开采新矿者；

四、按照矿床构造应大规模开采，而不宜分散经营者。

**第五条**　就地面以直线划定界线，沿界线直下探矿或采矿之地段为矿区。

**第六条**　矿区面积，煤矿在十五公顷以上，其他各矿在二公顷以上，砂矿沿河身长度在一公里以上者为大矿区。不足上述最低限度之面积或长度者，均为小矿区，小矿区之划定，以交通不便，或不适于大规模经营者为限。

**第七条** 矿区探采期限，探矿以二年为限，采矿以三十年为限，小矿区限于采矿，以十年为限。期满后，均得申请展期继续探采。

**第八条** 左列各地非经有关主管机关之许可，不得划作矿区：

一、炮台、要塞、军港及飞机场等圈定地区以内；

二、重要工业区、商业区及重要水库工程附近五百公尺以内；

三、重要运输路两侧一百五十公尺以内；

四、重要河流及防洪堤两侧五百公尺以内；

五、在文化上具有保存价值而不能移动之著名古迹所在地。

**第九条** 鼓励私人开发新矿及继续经营旧矿，但于处理左列私人矿业申请案时，得因事实上之必要，收回公营或划作国家保留区：

一、以旧矿照依照本条例第十四条规定，申请换发采矿执照者；

二、依照本条例第十七条规定，申请探采新矿区者；

三、大矿区采矿满三十年及小矿区采矿满十年者。

在收回公营或划作国家保留区时，对于申请人留存矿区可资利用之设备，由政府作价收购。对于申请探采新矿区者，由政府按该矿价值之大小，给与原申请人适当之报酬，原申请人如愿参加经营时，经中央主管矿业机关许可，得容纳其投资。

**第十条** 凡属国防及国家基本工业所必需之矿产品，于必要时得由中央主管机关统一收购及销售。

**第十一条** 规模较大与经营有显著成绩之私营矿，因扩充生产能力，必须添置设备与兴建新工程，其所需增加之资金，如自行筹措尚感不足时，得拟具基本建设计划，申请政府参加投资。

**第十二条** 公营及私营各矿，必须遵守一切与矿场及工厂有关之劳动法令，切实保护工人。

**第十三条** 土法开采之零星小矿，同时具备下列五项条件者，不受本条例之限制。但地方政府应另拟简单管理办法，报请大行政区主管矿业机关核转中央主管矿业机关核定施行。

一、所采矿物为附近居民日用必需者；

二、矿区地处偏远，矿量不丰，无申请小矿区经营之价值者；

三、当地人民恃为副业者；

四、采掘不深远，无水、火及土石崩塌之危险者；

五、对于公共财产，无妨害及破坏性者。

各大行政区或省（市）主管矿业机关，对于上述区域内矿藏及采掘情况，应定期报请中央主管矿业机关备案。如经采掘而发现有价值之矿藏时，并应将调查结果及处理意见报请中央主管矿业机关核定。

## 第二章　整理旧矿区

**第十四条**　凡依照一九三零年旧矿业法领有采矿执照之矿，无论公营或私营，其采矿权限期未满，且有工程设备者，应于本条例公布施行六个月内，依照原领执照所载矿区面积及未满之年限，申请继续开采，报由大行政区或省（市）主管矿业机关，查明实际情况，转请中央主管矿业机关核定，并依照本条例第三条之规定发给执照。

**第十五条**　申请继续采矿人，应于申请时附缴下列各件：

一、原领采矿执照及矿区图，并添绘原矿区图五份；

二、矿床说明书五份；

三、申请人或法定代表人经历表五份，并具合办人连署申请书五份；

四、工程设备及生产概况说明书五份；

五、最近一年施工及生产计划书五份；

六、矿场安全及矿工卫生设施办法五份；

七、公费人民币三十万元。

**第十六条**　凡依照一九三零年旧矿业法，领有采矿执照之矿，于本条例公布时，尚无工程设备者，须依照本条例第三章探采新矿区之规定办理。

## 第三章　探采新矿区

**第十七条**　凡申请探矿或采矿者，无论公营或私营，均应报由大行政区或省（市）主管矿业机关派员实地查勘，如与已依合法程序探采之矿区或已划定之国家保留区不相重复，并无本条例第八条规定之情事时，应即转报中央主管矿业机关核定，依照本条例第三条之规定发给执照。

**第十八条** 申请探矿或采矿人，应于申请时附缴下列各件：

一、大矿区探矿申请者须附缴：

（一）矿区图五份；

（二）矿石样品（每份二公斤）或政府化验机关所出之矿质分析表五份；

（三）探矿计划书五份；

（四）申请人或法定代表人经历表五份；

（五）备用资金证明书或器材存储表五份；

（六）公费人民币十五万元。

二、大矿区采矿申请者须附缴：

（一）矿区图五份；

（二）矿石样品（每份二公斤）或政府化验机关所出之矿质分析表五份；

（三）矿床说明书五份；

（四）采矿计划书五份；

（五）申请人或法定代表人经历表五份，并具合办人连署呈文五份；

（六）备用资金证明书或器材存储表五份；

（七）投资概算表五份；

（八）分期生产预计表五份；

（九）公费人民币三十万元。

三、小矿区采矿申请者须附缴：

（一）矿区图五份；

（二）矿石样品（每份二公斤）或政府化验机关所出之矿质分析表五份；

（三）采矿计划书五份；

（四）申请人或法定代表人经历表五份，并具合办人连署呈文五份；

（五）备用资金证明书或器材存储表五份；

（六）分期生产预计表五份；

（七）公费人民币十五万元。

**第十九条** 私人申请探采之矿区，如同一地点有二人以上申请时，以申请在先并具备本条例第十八条规定条件者，有承租探采矿区之优先权。

**第二十条** 大矿区之申请探采，如与现存之小矿区相重复时，除中央主管矿业机关认为不宜由小矿区经营或小矿区采矿人愿将矿区转让与大矿区申请人者外，应听由小矿区采矿人在核准期内继续开采，至期满为止。

前款与小矿区相重复之大矿区，其面积或长度至少须大于原有小矿区之十倍。

**第二十一条** 凡最初发现有价值之矿，而不愿依照本条例第十七条之规定申请探采者，经报请大行政区或省（市）主管矿业机关查明，确系其人最先发现，并将审查结果连同原送文件，报经中央主管矿业机关核定后，应按照该矿价值之大小，给予该最先发现人适当之奖金。但地质调查、矿产探勘及办理矿业之机关，不得请领奖金。

**第二十二条** 探矿期满，或探矿告一段落时，探矿人应即将探矿结果，报告大行政区或省（市）主管矿业机关转报中央主管矿业机关备案，非因特殊情形，工程确难如期完成，并经事前申明者，不得请求展期。

## 第四章 探矿及采矿人之责任

**第二十三条** 探矿或采矿人，对于所领之矿区，以自行探采为限，不得转租。

**第二十四条** 探矿或采矿人，如有正当理由，不能继续探采，必须改由他人经营时，应报经大行政区或省（市）主管矿业机关转报中央主管矿业机关核准，换发探矿或采矿执照；但于出让其财产时，不得以矿藏或执照，作价交易。

**第二十五条** 探矿或采矿人之工作计划及其执行情况，由中央主管矿业机关或其授权之机关定期予以考核，如其投资额、器材设备、工程进度或生产量，均能达到或超过计划标准者，准予依照原有矿区面积或增加矿区面积继续探采；其不能达到计划标准者，得视其情节轻重，分别予以警告，或核减其矿区面积。

**第二十六条** 探矿或采矿人，除因不可抗力之故障外，应于领到执照后半年内，按照原定计划施工，并不得于施工后中途停工半年以上。

**第二十七条** 探矿或采矿人，应配合矿床构造及矿物岩石之特性，采用最适当之工程设备与探采方法，并尽力避免损害矿藏，或减低矿产收获率，同时应顾及矿区之未来发展。

**第二十八条** 探矿或采矿人，应依照有关矿场安全、矿工卫生等各项规定，妥为预防各种灾害、病疫、危险及责任事故之发生，并注意组织与训练救护队，设置医疗与卫生机构，备置与检查救济设备，遇有事故发生，并应妥慎处理善后事宜，其详细办法另定之。

**第二十九条** 探矿或采矿人，因矿业需要，经地方主管矿业机关及有关机关之许可，使用他人土地时，该土地所有人或原使用人，应尽量给予使用之便利。该探矿人或采矿人，对土地所有人或原使用人应给予适当之报偿，其详细办法另定之。

**第三十条** 探矿或采矿人，有缴纳矿区费及矿产税之义务，其详细办法另定之。

**第三十一条** 探矿或采矿人，如有违背本条例第二十三、二十四、二十六、二十七、二十八、三十各条规定情事时，中央主管矿业机关得视其情节之轻重，分别予以警告或罚款或收回其矿区之处分。

## 第五章　附　则

**第三十二条**　本条例之规定不适用于有外国资本关系之矿。

**第三十三条**　本条例施行细则另定之。

**第三十四条**　本条例自中央人民政府政务院公布之日起施行。

# 3.政务院对“国营企业”等名称用法的规定

（1952年9月2日）

关于各级政府所经营的企业，目前有称“国营企业”的，有称“公营企业”的，名称殊不一致。为此，政务院特作如下规定：

一、凡中央及大行政区各部门投资经营的企业（包括大行政区委托省市代管的），称“国营企业”。

二、凡省以下地方政府投资经营的企业，称“地方国营企业”。

三、政府与私人资本合资，政府参加经营管理的企业，称“公私合营企业”。

# 4. 地质部接受群众报矿暂行办法

（1954年8月22日政务院批准　1954年8月31日地质部公布）

一、为了发动和组织广大群众报矿，使地质工作和群众相结合，以利于我国矿藏的发现，特制定本办法。

二、凡人民群众所耳闻目见的矿产地或矿产情况，都可向地质部或其所属地质局或分局、普查队、勘探队进行报矿。

三、为便于及时调查研究，并避免影响群众生产和工作，报矿一般以就近报给当地普查队、勘探队为宜。如当地没有普查队或勘探队，可报给当地政府代为转报中央地质部的各地质局或分局（华东区转报给中央地质部）。

四、报矿内容应尽可能包括下列说明：

1. 矿苗名称，发现地点，其所隶属的省、县、区、乡、村、小地名和交通情况。

2. 矿苗发现的时间及经过情况。

3. 报矿人所知道的矿苗露头分布范围及其形状、大小、颜色等。

4. 以前曾否开采或调查过？当时情况如何？现在有无老硐、旧矿堆、炼渣等。

5. 矿产地附近地形及其他情况。

五、报矿最好附来矿石标本，以便鉴定和研究。采取标本时，可将好的、次的及与矿石共生或矿石附近的岩石都采取一些。每块标本的大小，最好是长、宽、厚各约两寸，用纸包好（如为液体，可用瓶子装好），分别编号，并按号注明采取地点，以免混乱。如用邮寄，应装在木箱或布袋内，连信一齐付邮。标本寄费及包装费，来信说明并附单据，即可汇还。

六、报矿来信请注明报矿人的姓名、职业、性别、住址及通信处，以便联系。信封左上角写“报矿”两字，即可免贴邮票，由主办报矿机构总付。

七、收到来信及矿样，经过研究和鉴定后，即将结果回复报矿人，并得视情况决定是否派人前往调查。

八、所报矿产地，经实地调查或勘探，证明为新发现和有价值时，由地质部或各地质局会同当地政府商定给报矿人以积极鼓励，包括表扬，发给奖状、奖品、奖金等。

九、本办法经中央人民政府政务院批准自公布之日起施行。

# 5.国务院关于提取企业奖励基金的工资总额范围的规定

（1955年1月14日）

“国营企业提用企业奖励基金的临时规定”中，关于各类企业提取企业奖励基金的最高与最低限额的计算，自1955年起，一律以工业生产人员（非工业部门为基本业务人员）的工资总额为计算标准。1954年的企业奖励基金原则上亦应按此标准计算。其已按全部人员工资总额计提更改有困难的，由财政部根据实际情况，与各有关部门洽商办理。

## 财政部对计算企业奖励基金工资限额的意见的摘要

中财委1953年公布的“国营企业提用企业奖励基金的临时规定”中，对各类企业全年提取企业奖励基金的最高与最低限额，分别规定以其全年工资总额的一定百分比为限。但对工资总额的组成，没有明确规定，以致在实际执行中，有的按工业生产人员的工资总额计算，有的按全部人员的工资总额计算，不尽一致；原按工业生产人员工资总额计算的，有的也改按全部人员的工资总额计算。这种做法，使非生产人员愈多的企业，提取的奖励数额也越大，与鼓励节约刺激生产尽量减少非生产人员的原则相矛盾。我们参考苏联厂长基金提成限额的规定，也是根据工业生产人员工资基金来计算的。因此，我们认为按劳动计划表格中“工业生产人员工资”（非工业部门为基本业务人员工资）作为计算最高或最低限额的根据较为恰当。其具体内容如下：

1.工业生产（包括林木采伐）：为计劳01—1及01—2表之“工业生产人员工资总数”，即工人、学徒、工程技术人员、职员、勤杂人员、警卫消防人员的工资总数；

2.基本建设自营工程及包工企业：为计劳03表之“建筑安装工程工资总数”，其人员内容与工业同；

3.地质勘探：为计劳04表之“地质勘探工资总数”，其人员内容与工业同；

4.铁道运输：为计劳06表之“运营工资总数”、“铁路固定资产大修理工资总数”、“辅助企业工资总数”，即与运量有关人员、行政管理及勤杂人员、大修理职工及附属企业职工的工资总数；

5.水路运输：为计劳07表之“水路运输工资总数”，即海上运输、内河运输、海港工作、河港工作的职工工资总数；

6.邮电事业：为计劳08表之“邮电业务工资总数”，即邮政人员、电信人员、邮电共同人员、工程技术人员、职员的工资总数；

7.商业：为计劳09表之“商业企业工资总数”及“企业管理机关及其附属机构工资总数”；

8.粮食：为计劳10表之“企业机构工资总数”及“企业管理机关及其附属机构工资总数”；

9.对外贸易：为计劳11表之“贸易企业工资总数”及“企业管理机关及其附属机构工资总数”；

农业、民用航空、人民银行：为计劳15表之“工资总数”。

地方国营企业可由省（市）财委根据具体情况参照上述内容自行规定。

应自1955年起一律按上述标准计算。1954年照此标准计算有困难的，可不再变更，由我们与有关部门协商处理。

# 6.国营企业1954年超计划利润分成和使用办法

（财政部制定　1955年8月18日国务院批准）

一、1954年国营企业的超计划利润，采取分成办法，以其中40%留归各主管企业部使用，60%解缴国家预算。

1954年各主管企业部门本年实现的利润数（减去本年应提企业奖励基金），超过本年10月2日国家批准的8月调整预算计划利润数的部分，即为各主管企业部的超计划利润数。

二、各部超计划利润分成部分的使用范围如下：

（一）弥补1955年基本建设计划内已列项目的资金的不足；

（二）商得财政部同意，弥补企业因超额完成生产任务或其他原因而发生的流动资金的不足；

（三）经国务院主管办公室批准，弥补技术组织措施费和新种类产品试制费的不足；

（四）经国家专案批准的基本建设项目。

超计划利润分成部分，不得用于主管部和管理局本身行政方面的基本建设（如修建办公楼、宿舍和购置家具设备等）和企业单位计划外的福利设施（如修建俱乐部等）；不得用于各项事业费和其他费用。

三、各部超计划利润分成部分的领用，按下列规定：

（一）1954年的超计划利润，只限于在1955年内使用，1956年不能继续使用。

（二）各部超计划利润分成部分，在决算未编出前，可暂按预计实现利润数计算，并列入1955年财务收支计划和国家预算，俟各部1954年决算审核批准后，再按决算数予以调整。

（三）各部的超计划利润，应全部解缴国库。属于各部分成部分的领拨，按一般预算拨款办法处理，并一并编制预算缴款计划、拨款计划和企业决算报告。

**四**、地方国营企业超计划利润的分成和使用办法，由省（市）人民委员会按照具体情况自行规定，并报财政部备查。

**五**、1955年超计划利润分成办法另行规定。

# 7. 国务院关于试行轻工业计划产品分工管理办法的通知

（1955年11月1日）

我国轻工业行业很多，产品复杂，资本主义工业及手工业的比重还不小。两年来，在实行对资本主义工业和手工业的社会主义改造工作中，已经获得了一定的成绩。但是如何把私营工业和手工业纳入国家计划轨道，问题尚未得到完全解决。为此，必须逐步做到按轻工业行业确定隶属关系，划分管理系统，以贯彻执行统筹兼顾、合理安排的方针。目前首先应按照轻工作计划产品分工管理，把各种经济类型的轻工业生产，逐步纳入国家计划的轨道。

按照轻工业计划产品分工管理，是一件相当复杂的工作。各主管有关产品的工业部门，对其所管产品，应该认真管理，从产销方面进行全面平衡，合理安排；并且应该会同有关部门订立产品管理的实施办法和步骤，逐行推行。各有关部门和地区必须经常予各主管有关产品的工业部门以支持和帮助，及时反映情况，供给资料，提出问题，主动地担负它们应尽的责任。

凡是列入国家生产计划的轻工业产品，分别由中央有关部负责统一筹划、合理安排；地方亦须负责本地区的具体安排。凡是由地方负责平衡或分配的产品，由地方有关部门分别负责计划和安排。

中央各部之间、中央各部和地方之间的工厂企业的隶属关系，应该根据需要和可能，逐步调整，逐步做到与统一计划和专业管理相适应。

附发“关于轻工业计划产品分工管理的试行办法”，望即研究试行，并且将试行中的问题和意见及时总结报告国务院。

## 关于轻工业计划产品分工管理的试行办法

一、按轻工业（包括纺织工业，下同）计划产品（包括同类的手工业产品）分工管理，就是要使全国各种经济类型的轻工业产品，在生产计划、供销计划和加工订货计划等方面，逐步做到统一合理安排。

目前全国的工业产品，大致可分为两大类：一类是计划产品；另一类是非计划产品。

计划产品中又分为四种：（一）国家统一分配产品（简称统配产品，目前轻工业中尚无统配产品），如原煤、钢材、柴油机、原木等；（二）中央各工业部分配产品（简称部分配产品），如麻袋、汽车内外胎、化学木浆等；（三）分配产品以外的计划产品（简称部平衡产品），如胶鞋、卷烟、棉纱、棉布等；（四）地方平衡或分配的产品（简称地方平衡产品）。

非计划产品中又分为两种：（一）未列入国家生产计划之其他加工、订货、包销产品（简称其他加工订货产品）；（二）工厂自产自销产品。

今后，应逐步扩大中央或地方负责的平衡产品，以逐步缩小自产自销和未列入国家生产计划的其他加工订货产品，使全国轻工业产品逐步纳入国家计划。

在轻工业产品中，凡供销区域较大、地方难以平衡者，应由中央主管有关产品的工业部负责平衡；凡供销区域较小、地方可以平衡者，由地方负责平衡。

二、在轻工业产品中，已列入1956年国家计划产品目录者，除大米、面粉外，有下列五十七种：（1）青霉素，（2）氯霉素，（3）磺胺药类（其中：磺胺噻唑、磺胺呱），（4）盐酸麻黄素，（5）葡萄糖，（6）咖啡因，（7）伯乐君，（8）针剂，（9）片剂，（10）滴滴涕原粉，（11）医疗器械（其中：爱克斯光机），（12）汽车内胎，（13）汽车外胎，（14）力车外胎，（15）力车内胎，（16）平型胶带，（17）三角胶带,（18）胶鞋,（19）再生胶,（20）纸浆（包括化学木浆、机械木浆、亚硫酸苇浆）,（21）纸张（其中：新闻纸、胶版印刷纸、单面光书写及印刷纸、卷烟纸、打字纸、水泥袋纸、牛皮纸、包装用纸以及土纸）,（22）纸版（其中：油毡原纸、黄版纸、麻版纸）,（23）火柴,（24）食糖（包括土糖）,（25）原盐,（26）卷烟,（27）食用植物油（包括豆油、花生油、菜籽油、棉籽油、芝麻油）,（28）油饼,（29）罐头（其中：肉类、鱼类、果类）,（30）酒精（折九十六度）,（31）酿酒（折六十五度、啤酒）,（32）肥皂（其中：香皂、洗涤皂）,（33）棉纱,（34）棉布（包括土布）,（35）印染布（其中：漂布、色布、花布以及土染布）,（36）帆布,（37）帘子布（其中：汽车帘子布、力车帘子布）,（38）毛纺织品总计（其中：编织用毛线、精纺毛织品、粗纺毛织品、工业用毛制品〔其中：造纸用呢〕、毛毯）,（39）麻袋,（40）黄、洋、青麻布,（41）亚麻织品（其中：亚麻布、亚麻帆布、亚麻水管）,（42）苎麻织品,（43）家蚕丝（其中：厂丝）,（44）柞蚕丝,（45）绢丝,（46）家蚕丝织品,（47）人造丝织品,（48）交织丝织品,（49）柞蚕丝织品,（50）绢丝织品,（51）针织品（其中：卫生衫裤、春秋衫裤、汗衫、袜子、毛巾被、毛巾）,（52）自来水笔（其中：金笔）,（53）铅笔,（54）搪瓷制品（其中：面盆、口杯）,（55）热水瓶（其中：铁壳热水瓶）,（56）重革（其中：工业用革）,（57）轻革。

〔1956年计划产品，如有增减另行通知〕

上述产品中，属于中央有关工业部分配的产品有七种：（1）汽车外胎,（2）汽车内胎,（3）平型胶带（用于运输、传动者）,（4）三角胶带,（5）纸浆中的亚硫酸木浆（其中：漂白、本色）、亚硫酸苇浆（其中：漂白、本色）,（6）纸张中的新闻纸、书写用纸、特种图版印刷纸、凸版印刷纸、胶版印刷纸、卷烟纸、水泥袋纸、柏油纸（其中：卷烟防潮纸），油毡原纸,（7）麻袋。其余五十二种（原为五十种，因纸浆及纸张中既有分配产品，又有平衡产品，故增加两种为五十二种）均为中央有关工业部负责平衡的产品。

三、中央各轻工业部门，对轻工业产品的管理，作如下的分工：

1.轻工业部：

负责分配的产品：（1）汽车外胎，（2）汽车内胎（包括垫带），（3）平型胶带（用于运输、传动者），（4）三角胶带，（5）纸浆中的亚硫酸木浆（其中：漂白、本色）、亚硫酸苇浆（其中：漂白、本色），（6）纸张中的新闻纸、色书皮纸*、特种图版印刷纸*、凸版印刷纸（特种、四号）、凹版纸*、胶版印刷纸（一号、三号）、卷烟盘纸、单面胶版印刷纸*、晒图感光原纸、水泥袋纸、柏油纸（其中：卷烟防潮纸）、油毡原纸，（7）造纸铜网*，（8）青霉素（其中：钾、钠盐青霉素及普鲁卡因青霉素）*，（9）注射葡萄糖*，（10）磺胺类（其中：磺胺噻唑、磺胺咪、磺胺噻唑片、磺胺咪片）*，（11）氯霉素（其中：氯霉素、氯霉素胶丸）*，（12）直流感应治疗机*，（13）酒精*。

负责平衡的产品：（1）氨苯磺胺粉，（2）盐酸麻黄素，（3）口服葡萄糖，（4）葡萄糖酸钙（包括口服和注射）*，（5）非那昔丁*，（6）滴滴涕，（7）咖啡因，（8）溴化物*，（9）溴素*，（10）抗生素制剂*，（11）伯乐君，（12）避孕药，（13）针剂，（14）片剂，（15）香料*，（16）力车外胎，（17）力车内胎，（18）胶鞋，（19）胶管*，（20）主要橡胶杂品*，（21）再生胶*，（22）超短波电疗机*，（23）万能手术床*，（24）万能产床*，（25）电冰箱*，（26）机制纸浆中不属于分配物资的其他纸浆，（27）纸张中的有光纸*、打字纸、绝缘纸、牛皮纸、包装纸，（28）纸版中的白版纸、黄版纸、麻版纸、其他版纸，（29）食糖（包括土糖），（30）原盐（包括精制盐），（31）卷烟，（32）啤酒，（33）芒硝，（34）爱克斯光机*。

〔凡有*记号之产品，为计划外增列的产品〕

2.纺织工业部：

负责分配的产品：（1）麻袋，（2）帘子布。

负责平衡的产品：（1）棉纱，（2）棉布（包括白布、色织布、用机制纱的手工织布以及土布），（3）帆布，（4）印染布（其中：漂布、色布、花布以及土染布），（5）毛纺织品（其中：编织用毛线、精纺毛织品、粗纺毛织品、工业用毛制品〔其中：造纸用呢〕、毛毯），（6）亚麻织品（其中：亚麻布、亚麻帆布、亚麻水管），（7）家蚕丝（其中：厂丝），（8）柞蚕丝，（9）绢丝，（10）家蚕丝织品，（11）人造丝织品，（12）交织丝织品，（13）柞蚕丝织品，（14）绢丝织品，（15）苎麻织品，（16）黄、洋、青麻布。

3.地方工业部：

负责平衡的产品：（1）火柴，（2）肥皂，（3）食用植物油，（4）油饼，（5）罐头，（6）奶粉，（7）热水瓶，（8）金笔，（9）钢笔（其中：水笔），（10）铅笔，（11）重革，（12）轻革，（13）日用陶瓷，（14）搪瓷制品（其中：面盆、口杯），（15）针织品（其中：卫生衫裤、春秋衫裤、汗衫、背心、毛巾、袜子、毛巾被）。

此外，在轻工业计划产品中，由粮食部平衡的，有大米、面粉；由地方负责平衡的，有白酒、黄酒、果酒、糖果、饼干、骨粉、家具、皮鞋等。地方平衡的产品，如超出省市需要者，应于上报年度计划时，报请中央主管有关产品的工业部加以调整。

4.手工业管理局：

目前轻工业计划产品，很多又是机器和手工业共同生产的。手工业产品中，凡具有下列条件之一者：（1）为人民生产、生活所必需且供销范围有全国性的；（2）原料为国家统一掌握控制的；（3）为国家基本建设所必需的；（4）属于大宗出口换取外汇的，应首先逐步纳入国家计划。1956年已有土糖、土布、土染布、土纸、食用植物油等列入国家计划，手工业管理局应收集土布、土染布、土纸的资料（土糖的资料由地方工业部负责收集），会同地方工业部提出计划指标，参加主管部的综合平衡工作。有些手工业产品，如针织、胶鞋、皮革等，应准备列入国家计划；有些手工业产品，如竹浆、陶瓷、麻袋品等，手工业管理局应积极创造条件，准备逐步列入国家计划。对于暂时尚不能列入国家计划的手工业产品，手工业管理局应负责收集资料，向主管部提供情况和意见，主管部在编制生产计划时，应将同类手工业产品的生产一并考虑在内；目前尚未掌握全部资料者，亦可大体予以估算，以便统筹安排。

上列由轻工业各部分配的产品共十五种，较1955年国家轻工业计划产品目录所列（七种）增加了帘子布、造纸铜网、青霉素、氯霉素、磺胺、工业用葡萄糖、直流感应治疗机、酒精等八种。由有关部平衡的产品已列为六十五种，较1956年国家计划中的平衡产品多十三种。计：减少青霉素、氯霉素、爱克斯光机、酒精、帘子布等五种，增加十八种为：（1）葡萄糖酸钙，（2）非那昔丁，（3）溴化物，（4）抗生素制剂，（5）溴素，（6）避孕药，（7）超短波电疗器，（8）万能手术床，（9）万能产床，（10）电冰箱，（11）胶管，（12）主要橡胶杂品，（13）芒硝，（14）香料，（15）奶粉，（16）钢笔（其中：水笔），（17）日用陶瓷，（18）爱克斯光机。

**四、**轻工业计划产品分工管理后，凡属于部分配的和部平衡的产品，应分别按下列办法进行管理：

1.部分配产品：

（1）地方工业（包括地方国营、合作社营、地方公私合营、私营工业及手工业，下同）生产纺织工业部或轻工业部分配产品者，以主管有关产品的工业部为主，会同地方工业部及中央有关部门，根据五年计划中的年度计划，结合具体情况，进行供产销平衡，提出该年分企业（中央国营、中央公私合营工业）、分省市（地方国营、地方公私合营、私营工业）的控制数字。国营企业由主管有关产品的工业部、地方工业由地方工业部分别提请国家计划委员会汇总审定后，地方工业部分由国家计划委员会下达各省市计划委员会、地方工业部和主管有关产品的工业部。各省、市计划委员会在向国家计划委员会上报计划草案数字的同时，向主管有关产品的工业部及地方工业部提出各该省、市对该项产品（分别经济类型）的计划草案的数字，主管有关产品的工业部会同地方工业部及中央各有关部门综合平衡后，国营企业由主管有关产品的工业部、地方工业由地方工业部分别提请国家计划委员会汇总审定后，由国家计划委员会将年度计划下达各省、市计划委员会及主管有关产品的工业部和地方工业部。

部分配产品之季度生产计划，按照国家计划委员会关于编制季度计划的规定编报。

为了避免盲目发展，凡基本建设项目中有关部分配产品生产能力变动之部分（包括新建、扩建、改建、迁建、报废等），应由主管部负责审核其厂址、规模、产品品种及建设进度；其属于地方工业的，由地方工业部汇交主管部审核，这些项目的竣工及投入生产的日期，亦须上报地方工业部，并由地方工业部转告主管部。基本建设计划之审批手续，仍按基本建设程序办理。

（2）部分配产品之销售业务，由主管部之销售局或其派出机构负责分配。地方工业生产部分配产品者，其品种、规格、交货时间和地点等，由各省、市工业厅、局与有关部销售机构订立合同。市场所需之部分配产品，由商业部门按照市场需要，及时提出计划，请主管部分配。

（3）地方工业生产部分配产品所需之原材料属于统配物资者，由各省、市物资分配局按照规定统一向国家计划委员会申请，经批准后，径与负责供应物资的有关部销售机关订立合同。地方工业生产所需之原材料属于非分配物资者，如供应正常，则仍由商业部门负责供应；如供应不够合理，则应由有关方面协商调剂；地区性的货源，如破布、废麻、胡麻、棉杆皮等应逐步划区供应；供应紧张的原料，如棉、麻、烟叶、皮革、羊毛，及特种手工艺所需之重要原料等，则应全国统筹。

2.部平衡产品：

（1）地方工业生产纺织工业部、轻工业部或地方工业部负责平衡的产品者，由主管有关产品的工业部会同地方工业部及中央有关部门，根据五年计划中的年度计划，结合具体情况，进行供产销平衡，提出该年度分企业（中央国营、中央公私合营工业）、分省市（地方国营、合作社营、地方公私合营、私营工业手工业）的控制数字（附注：合作社营包括供销合作社的加工厂和手工业生产合作社）。国营企业由主管有关产品的工业部、地方工业由地方工业部分别提请国家计划委员会汇总审定后，地方工业部分由国家计划委员会下达各省市计划委员会、地方工业部和主管有关产品的工业部。各省、市计划委员会在向国家计划委员会上报计划草案数字的同时，向主管有关产品的工业部及地方工业部提出对该项产品（分别经济类型）的计划草案的数字，主管有关产品的工业部会同地方工业部及中央各有关部门综合平衡后，国营企业由主管有关产品的工业部、地方工业由地方工业部分别提请国家计划委员会汇总审定后，由国家计划委员会下达各省、市计划委员会及主管有关产品的工业部和地方工业部。轻工业部或纺织工业部所管企业生产地方工业部负责平衡的产品者，由地方工业部会同有关工业部负责平衡，平衡及下达办法同上。

部平衡产品之季度生产计划，按照国家计划委员会关于编制季度计划的规定编报。

有关部平衡产品的基本建设项目中生产能力变动部分的审核，与部分配产品同。

（2）部平衡产品，除由工业部门加工、销售者外，原由商业部门加工、收购或包销者，仍由商业部门分别与中央有关产品的工业部（主管中央国营、中央公私合营工厂）或地方工业部（属于地方国营、合作社营、地方公私合营、私营工厂或手工业者）根据工业生产计划订立协议，其中生产指标根据国家计划的规定，供销指标由商业部门下达，或由有关产品的工业部和商业部联合下达，各地工商机关再根据协议分级订立合同，加工与收购、包销业务由商业部门下属机构办理。生产及供销计划需要修改时，按照计划修订程序（另订）的规定办理。

（3）部平衡产品，原由商业部门组织加工订货者，其中如有某些产品，中央或地方工业部门能够承担加工订货业务，商业部门应协助工业部门逐步试行承担加工订货业务，以便使生产管理和改造工作结合得更好。

原由商业部门加工订货之未列入国家计划的产品，仍继续由商业部门加工订货，负责其全国的或地区的平衡工作。在这些加工订货产品中，其已纳入国营商业商品流通计划或商业部已大体掌握其全国供销情况者，由商业部门提出计划指标，与有关工业部门协商一致后，即可下达；其原由商业部门加工收购，但尚无具体品种计划者，或原系自产自销者，应逐步摸清情况，准备条件，使之成为国家计划产品或加工订货产品。

3. 中央国营、中央公私合营工厂中，生产由地方负责平衡的产品时，应服从地方的统筹安排。

随着国家工业化和社会主义改造事业的进展，国民经济计划化的逐步加强，目前尚未列入国家计划的较为重要的产品，今后在条件成熟时应逐步增列为国家计划产品。此项工作，应由国家计划委员会及主管有关产品的工业部负责。

**五**、为了试行上述管理办法，还应注意如下几个问题：

1. 明确各部对分配或平衡产品的责任。在全国范围内，各种经济类型的轻工业中（包括非工业部门所管的轻工业），凡已明确分工管理的产品，即应由主管有关产品的工业部根据统筹兼顾、合理安排的方针，负责分配或平衡；其有关企业的行政管理及社会主义改造的工作，仍应由原行政主管部门各按系统，分别负责。

2. 各主管有关产品的工业部要做好产品的分配或平衡工作，必须取得各地区和中央各有关部门的大力支持。各地区对已纳入国家计划的轻工业产品，除在编制计划时力求准确外，并应提供有关产品的资料，密切注意其供、产、销动态，经常向主管有关产品的工业部反映。为此，地方应根据实际情况设立工业管理的专业机构；中央各有关部门应与主管有关产品的工业部经常联系，互通情报，特别是工业部门与商业部门、农产品采购部门之间，必须协作一致。在制定生产计划时，商业部门应负责提供分产品种类规格的社会需要量及由其负责供应的原材料的规格与可供量；各轻工业部门有责任提供经商业部门销售产品的可供数量与品种，同时有责任征求商业部门的意见，使工业部门的生产计划和商业的供销计划尽可能在产品品种、规格、数量和地区、时间上的安排取得一致。

3.在轻工业产品实行分工管理的同时，国家计划委员会应将现行计划程序，作相应的修改和补充。国家统计局应及时向各主管有关产品的工业部提供分工管理产品的统计资料。各主管部因工作需要，经国家统计局批准，可向各省市有关部门颁发补充统计报表并索取资料。

4. 1956年计划即将编制，各主管部应全面地系统地了解情况，并根据分工管理的产品，召开各种必要的有各省市代表参加的专业会议，了解情况，解决问题，加强联系。

5.各有关方面，应根据本办法，提出实施办法，下达试行，在试行中逐步修正补充。

# 8.防止沥青中毒办法

（1956年1月26日国务院批准　1956年1月31日劳动部发布）

**第一条**　为了预防沥青的装卸、搬运和使用中的中毒事故，保障工人的安全和健康，提高工作效率，特制定本办法。

**第二条**　本办法的适用范围：

（一）沥青（煤焦沥青、石油沥青）的装卸和搬运；

（二）含有沥青的制品（油浸的枕木、电杆和涂沥青的钢铁管等）的装卸和搬运；

（三）基本建设中使用沥青的工作（建筑物的防水处理，柏油路的铺垫、沥青的熬炒等）。

**第三条**　待运的沥青应由生产单位根据具体情况，分别采用铁桶、条筐或竹筐内衬纸、双层草袋包装，或采用其他经试验有效由当地劳动行政部门报请中华人民共和国劳动部批准的包装。

**第四条**　凡用机械装卸、搬运并能保证工人不与沥青直接接触时，可采用散装。

**第五条**　沥青的各种包装必须完整牢固，不使粉末散漏。包装外面应标明"煤焦沥青"或"石油沥青"。

**第六条**　托运沥青部门在托运前，承运部门在承运时，均应检查沥青的包装，如有不合上述规定者，应由托运部门设法改善后，方可办理托运；如托运部门对改善包装有困难时，承运部门应在可能条件下予以协助，其费用由托运部门负担。

**第七条**　托运部门应于托运前，将沥青或含有沥青的制品的名称、数量、性质、包装方法及应注意的防护事项用书面通知承运部门。

**第八条**　装卸、搬运及使用沥青的单位应于每次工作开始前，将沥青工作的注意事项向工人说明并随时检查防护用品佩戴情况。在工作现场应有专人负责指导工作的进行。

**第九条** 装卸、搬运沥青或含有沥青的制品，应尽量使用工具（如货车、手推车等）或机械。装卸、搬运的全部过程中，如有散漏粉末的情况，必须洒水湿润。

**第十条** 船舱、仓库及其他通风不良的操作场所，须在排除沥青的粉尘、蒸汽并保持经常通风的情况下，始得进行沥青工作。

**第十一条** 煤焦沥青的装卸、搬运应在夜间或无阳光照射下进行。石油沥青及铁桶装的煤焦沥青的装卸、搬运一般可在白天进行，但在炎热的中午时间内应停止工作。

**第十二条** 火车、轮船的装卸、用机械的装卸、搬运以及基本建设中使用沥青的时间，在加强防护措施并确有保证的情况下，可不受第十一条规定的限制。

**第十三条** 对从事装卸、搬运和使用沥青及含有沥青制品工作的工人，应根据季节、气候与作业条件给予适当的间歇时间；间歇时间应按工作时间计算。

**第十四条** 对从事装卸、搬运、使用沥青及含有沥青制品工作的工人，应由其隶属的行政方面供给下列防护用品：

（一）坚实的棉布和麻布的工作服，其式样应适合于防止沥青粉尘的浸入；

（二）带有披肩的头盔（供装卸工人使用）；

（三）防护眼镜；

（四）帆布手套及帆布鞋盖（常穿草鞋的地区应加发布鞋）；

（五）防护口罩（沥青熬炒工人应有过滤式呼吸器）。

上述防护用品，应由行政方面经常洗涤检查，保持洁净完整。

**第十五条** 工人从事沥青工作时，应着用全付防护用品；对外露皮肤和脸部、颈部，应遍涂防护药膏；工作完毕，必须洗澡。

**第十六条** 凡经常进行沥青工作的现场，必须设置足够的温水淋浴；对于偶尔进行沥青工作的现场，可准备简单的洗澡用具，并均须备有洗脸肥皂与毛巾。

**第十七条** 工人的便服和防护用品，应分别存放。

**第十八条** 经常装卸沥青和含有沥青制品的城市，可成立专门装卸沥青队或小组，并指定装卸沥青的专用地点（如月台、趸船等）。

**第十九条** 凡皮肤病患者或结膜疾患者，以及对沥青过分敏感的工人，不得从事沥青工作。

**第二十条** 凡装卸过沥青及含有沥青制品的车辆（专用车辆除外）、船舱，均应施以彻底的清扫与刷洗。

**第二十一条** 本办法自发布之日起施行。解释权属于中华人民共和国劳动部。自施行之日起，中央人民政府劳动部1952年12月17日发布的“关于防止沥青中毒办法”即行废止。

# 9. 电力工业部所属生产企业单位的社会主义竞赛奖励暂行办法

（1956年3月29日电力工业部、中国电业工会全国委员会发布）

## 第一章　总　则

**第一条**　根据中华人民共和国宪法第十六条“劳动是中华人民共和国一切有劳动能力的公民的光荣的事情。国家鼓励公民在劳动中的积极性和创造性”的规定，为了鼓励电业工人、工程技术人员、职员在社会主义建设事业中的积极性与创造性不断地把社会主义竞赛推向新的高涨，以保证安全发供电和超额完成国家计划及各项技术经济指标，特制定本办法。

**第二条**　凡在竞赛中经过评比获得优秀的个人和集体，均按本办法进行奖励。奖励的原则是：

（一）奖励虚心学习先进者的经验，实现竞赛条件的个人和集体；

（二）奖励能够积极帮助落后者实现竞赛条件达到先进水平的个人和集体；

（三）奖励在已有的先进基础上继续不断求得进步的个人和集体。

**第三条**　竞赛奖励分：荣誉奖励和物质奖励。

（一）荣誉奖励：

中华人民共和国电力工业部和中国电业工会全国委员会共同颁发全国电业社会主义竞赛流动红旗；授给“全国电业先进”荣誉称号（如全国电业先进厂、车间、小组和个人等）；颁发奖状。

基层应设有全厂流动红旗、光荣榜、光荣册、授给先进荣誉称号（如先进车间、班组、先进生产者及工作者）和奖状等；车间应设有车间流动红旗。

（二）物质奖励。

**第四条** 基层内部竞赛奖励金由企业奖励基金中开支，其限额暂规定：最低不得少于总数的15%，最高不得超过总数的25%。

竞赛奖励金中包括荣誉奖励的开支部分。

全国电业社会主义竞赛奖励金从各企业降低产品成本而获得的超计划盈余或超计划节约款项中拨出。

## 第二章 个人竞赛奖励

**第五条** 凡是工人达到了下列条件中的一项，授予“先进”荣誉称号：

（一）连续三个月完成竞赛条件；

（二）认真贯彻苏联专家建议，积极学习先进经验，掌握新技术、提出合理化建议，对改进企业安全生产有重大贡献；

（三）保证安全，经常完成自己的生产任务，并帮助别人学习先进经验，对普遍完成国家计划提高劳动生产率有积极贡献；

（四）在保证安全运行和提高检修质量的基础上，厉行节约有优良成绩。

**第六条** 凡是企业管理人员、工程技术人员、职员达到下列条件中的一项，授予“先进”荣誉称号：

（一）积极采取了各种措施，保证他所领导的或服务的单位连续三个月完成集体竞赛条件；

（二）提出了重大的技术改进的创议，对提高企业管理，改善劳动条件，保证安全发供电有显著成绩；

（三）经常帮助工人提出合理化建议，学习先进经验，提高技术熟练程度，或综合研究各个工人操作上的优点，改进工人的操作方法，对保证安全、经济运行和工程质量有显著成绩；

（四）在财务成本管理方面发挥了积极性和创造性，改进了业务，对不断的降低成本、加速资金周转、减缩企业流动资金起了积极的作用；

（五）在其他工作岗位上发挥了积极性和主动性，并且有先进事迹。

**第七条** 连续两次获得“先进”荣誉称号的个人，将他的照片和先进事迹登在企业光荣榜上；连续三次获得“先进”荣誉称号的个人再次上光荣榜；连续四次获得“先进”荣誉称号的个人，除继续上光荣榜以外，并将他的照片和先进事迹登在企业的光荣册上，发给奖状。凡是获得“先进”荣誉称号的个人，由企业行政和工会基层委员会发给一定数量的奖金。如果成绩特殊优异，达到全国电力工业的先进水平，除了将他的照片和先进事迹登在企业的光荣榜和光荣册上以外，可报请中华人民共和国电力工业部和中国电业工会全国委员会批准授予“全国电业先进生产者”或“全国电业先进工作者”的荣誉称号，并发给奖状和一定数量的奖金。

## 第三章 集体竞赛奖励

**第八条** 中华人民共和国电力工业部会同中国电业工会全国委员会共同颁发“全国电业社会主义竞赛条件”，组织全国电业社会主义竞赛。

**第九条** 在全国电业社会主义竞赛中凡是能够实现竞赛条件的优秀企业，由中华人民共和国电力工业部会同中国电业工会全国委员会评选出优秀的单位若干名，发给一定数量的奖金（奖金数额按照企业的规模和成绩大小确定）。在其中再评选出成绩最好的单位若干名由中华人民共和国电力工业部会同中国电业工会全国委员会发给全国电业社会主义竞赛流动红旗。如果成绩特殊优异，呈请国务院发给荣誉和物质奖励。

**第十条** 在全国电业社会主义竞赛中连续一年以上获得全国电业社会主义竞赛流动红旗，成绩特殊优异的单位，由中华人民共和国电力工业部和中国电业工会全国委员会呈请国务院批准授予“模范企业单位”的荣誉称号。

**第十一条** 企业行政会同同级工会组织按照生产性质组织小组、工段、车间（或相应的单位）之间的竞赛。

**第十二条** 凡是实现竞赛条件的优秀车间、值第一名，分别授予基层流动红旗；优秀班组第一名授予车间流动红旗。连续三个月获得优秀车间和班组，授予基层的先进荣誉称号；连续两次获得先进荣誉称号上光荣榜；连续三次获得先进荣誉称号则再次上光荣榜；连续一年获得先进荣誉称号。除继续上光荣榜外，并载入光荣册，发给奖状。

凡上光荣册的车间和班组，如事迹特殊者，可由厂长和工会基层委员会报请中华人民共和国电力工业部和中国电业工会全国委员会批准授予“全国电业先进”的荣誉称号，并授予奖状。

在企业内部竞赛中获得优秀的单位，由企业行政会同工会基层委员会按顺位给予适当的奖金。

**第十三条** 集体奖金原则上应全部发给职工，但是要反对平均主义，个别没有完成国家计划的职工，在全国电业社会主义竞赛中完成了主要条件而没有完成考虑条件的企业单位，应该取消企业领导者的全部或部分奖金，但职工的奖金仍然发给。

获得全国电业社会主义竞赛奖金的优秀单位，可以拨出30%左右作为集体福利事业的费用。

## 第四章 评比办法

**第十四条** 评比工作由中华人民共和国电力工业部各级行政组织会同相应的工会组织共同负责进行。

**第十五条** 评比资料的统计由中华人民共和国电力工业部各级行政组织负责。

**第十六条** 评比期限：

（一）企业内部竞赛每月评比一次；

（二）全国电业社会主义竞赛每季评比一次。

**第十七条** 在进行评比工作中应该充分发扬民主。具体办法如下：

（一）全国电业社会主义竞赛优秀单位，由基层工会委员会会同行政负责人根据本单位实现全国电业社会主义竞赛条件的情况，提出申请，经电业局、电业管理局和相应的工会组织逐级审查签注意见，最后由中华人民共和国电力工业部与中国电业工会全国委员会讨论决定，授予若干优秀第一名的单位以全国社会主义竞赛流动红旗。

授予“全国电业先进”荣誉称号，按照同样的程序决定。

（二）基层竞赛的优秀单位（如车间与车间，值与值之间的竞赛优秀单位），由工会基层委员会会同厂长在总结评比时讨论决定。厂长宣布，并授予优秀单位第一名以流动红旗。授予基层“先进车间”、“先进值”荣誉称号则由厂长和工会基层委员会提名，经职工代表大会或代表会议讨论通过，由厂长授予之。

（三）车间竞赛的优秀班组，由工会车间委员会会同车间主任在总结评比时讨论决定，车间主任宣布，并授予优秀班组第一名以流动红旗。

授予基层“先进班组”荣誉称号则由车间主任会同工会车间委员会提名，经车间职工大会讨论通过，报请厂长会同工会基层委员会审查批准，由厂长授予之。

（四）小组内部的竞赛优秀者在工会小组会上总结评比时讨论决定。授予基层“先进生产者”、“先进工作者”荣誉称号，由工长会同工会小组长提名（或由科室的负责人会同工会小组提名）经工会小组讨论、民主评定，并经车间主任会同工会车间委员会共同审查，报请厂长会同工会基层委员会批准，由厂长授予之。

**第十八条** 在评比奖励的同时，要认真地总结和推广先进经验，积极帮助落后单位和广大职工提高到先进的水平。

## 第五章　附　则

**第十九条** 获得竞赛奖励的职工应该尊重国家和人民给他的荣

誉，保持光荣，积极工作，努力学习，密切联系群众，发挥带头、骨干与桥梁作用，并且成为履行公民义务与本身职责的模范。

**第二十条** 凡是获得本办法规定的荣誉称号个人或单位，有下列情况中的一项，由原授予单位决定撤销他的称号：

（一）伪造事迹或假冒他人事迹骗取荣誉称号；

（二）品行堕落，在群众中的影响极坏；

（三）因为犯罪行为，经过法院判处刑事处分。

**第二十一条** 由企业单位授予“先进生产者”或“先进工作者”的称号是属于一次性的荣誉奖励。再次评比合格的，可以再次授予。

企业人事部门应该建立先进生产者（工作者）的卡片制度，注明先进事迹和获得先进称号的日期和次数，在调动工作的时候，应该将卡片转到新的工作岗位。

**第二十二条** 竞赛的奖金不能代替按照“有关生产的发明、技术改进、合理化建议奖励暂行条例”的规定所应获得的奖金。

**第二十三条** 企业行政会同相应工会基层委员会可根据本暂行办法拟订实施细则，报送中华人民共和国电力工业部和中国电业工会全国委员会备案实行。

**第二十四条** 电业管理局和电业局会同同级工会组织可根据本地区的需要，遵照本暂行办法的原则拟订鼓励地区性的优秀个人和单位的荣誉和物质奖励条例，报送中华人民共和国电力工业部和中国电业工会全国委员会批准后实行。

**第二十五条** 地方国营、公私合营电业单位可参照本暂行办法拟订实施细则实行。

**第二十六条** 本办法解释权属于中华人民共和国电力工业部和中国电业工会全国委员会。

# 10.工厂安全卫生规程

（1956年5月25日国务院全体会议第二十九次会议通过）

## 第一章　总　则

**第一条**　为改善工厂的劳动条件，保护工人职员的安全和健康，保证劳动生产率的提高，制定本规程。

**第二条**　本规程适用于国营、地方国营、合作社营和公私合营的大型工厂。

## 第二章　厂　院

**第三条**　人行道和车行道应该平坦、畅通；夜间要有足够的照明设备。道路和轨道交叉处必须有显明的警告标志、信号装置或者落杆。

**第四条**　为生产需要所设的坑、壕和池，应该有围栏或者盖板。

**第五条**　原材料、成品、半成品和废料的堆放，应该不妨碍通行和装卸时候的便利和安全。

**第六条**　厂院应该保持清洁。沟渠和排水道要定期疏浚。垃圾应该收集于有盖的垃圾箱内，并且定期清除。

**第七条**　建筑物必须坚固安全，如果有损坏或者危险的象征，应该立即修理。

**第八条**　电网内外都应该有护网和显明的警告标志（离地2.5公尺以上的电网可不装护网）。

## 第三章　工作场所

**第九条**　工作场所应该保持整齐清洁。

**第十条** 机器和工作台等设备的布置，应该便于工人安全操作；通道的宽度不能小于1公尺。

**第十一条** 升降口和走台应该加围栏。走台的围栏高度不能低于1公尺。

**第十二条** 原材料、成品和半成品的堆放要不妨碍操作和通行。废料应该及时清除。

**第十三条** 地面、墙壁和天花板都应该保持完好。

**第十四条** 经常有水或者其他液体的地面，应该注意排水和防止液体的渗透。

**第十五条** 在易使脚部潮湿、受寒的工作地点，要设木头站板。

**第十六条** 排水沟渠应该加盖，并且要定期疏浚。

**第十七条** 工作场所的光线应该充足，采光部分不要遮蔽。

**第十八条** 工作地点的局部照明的照度应该符合操作要求，也不要光线刺目。

**第十九条** 通道应该有足够的照明。

**第二十条** 窗户要经常擦拭，启闭装置应该灵活；人工照明设备应该保持清洁完好。

**第二十一条** 室内工作地点的温度经常高于摄氏32度的时候，应该采取降温措施；低于摄氏10度的时候，应该设置取暖设备。

**第二十二条** 对于和取暖无关的蒸气管或者其他发散大量热量的设备，应该采用保温或者隔热的措施。

**第二十三条** 经常开启的门户，在气候寒冷的时候，应该有防寒装置。

**第二十四条** 通风装置和取暖设备，必须有专职或者兼职人员管理，并且应该定期检修和清扫，遇有损坏应该立即修理。

**第二十五条** 对于经常在寒冷气候中进行露天操作的工人，工厂应该设有取暖设备的休息处所。

**第二十六条** 工厂要供给工人足够的清洁开水。盛水器应该有龙头和盖子，并且要加锁；盛水器和饮水用具应该每日清洗消毒。

**第二十七条** 在高温条件下操作的工人，应该由工厂供给盐汽水等清凉饮料。

**第二十八条** 禁止在有粉尘或者散放有毒气体的工作场所用膳和饮水。

**第二十九条** 工作场所应该根据需要设置洗手设备，并且供给肥皂。

**第三十条** 工作场所要设置有盖痰盂，每天至少清洗一次。

**第三十一条** 工作场所应该备有急救箱。

## 第四章 机械设备

**第三十二条** 传动带、明齿轮、砂轮、电锯、接近于地面的联轴节、转轴、皮带轮和飞轮等危险部分，都要安设防护装置。

**第三十三条** 压延机、冲压机、碾压机、压印机等压力机械的施压部分都要有安全装置。

**第三十四条** 机器的转动摩擦部分，可设置自动加油装置或者蓄油器；如果用人工加油，要使用长嘴注油器，难于加油的，应该停车注油。

**第三十五条** 起重机应该标明起重吨位，并且要有信号装置。桥式起重机应该有卷扬限制器、起重量控制器、行程限制器、缓冲器和自动联锁装置。

**第三十六条** 起重机应该由经过专门训练并考试合格的专职人员驾驶。

**第三十七条** 起重机的挂钩和钢绳都要符合规格，并且应该经常检查。

**第三十八条** 起重机在使用的时候，不能超负荷、超速度和斜吊；并且禁止任何人站在吊运物品上或者在下面停留和行走。

**第三十九条** 起重机应该规定统一的指挥信号。

**第四十条** 机器设备和工具要定期检修，如果损坏，应该立即修理。

## 第五章　电气设备

**第四十一条**　电气设备和线路的绝缘必须良好。裸露的带电导体应该安装于碰不着的处所；否则必须设置安全遮栏和显明的警告标志。

**第四十二条**　电气设备必须设有可熔保险器或者自动开关。

**第四十三条**　电气设备的金属外壳，可能由于绝缘损坏而带电的，必须根据技术条件采取保护性接地或者接零的措施。

**第四十四条**　行灯的电压不能超过36伏特，在金属容器内或者潮湿处所不能超过12伏特。

**第四十五条**　电钻、电镐等手持电动工具，在使用前必须采取保护性接地或者接零的措施。

**第四十六条**　发生大量蒸汽、气体、粉尘的工作场所，要使用密闭式电气设备；有爆炸危险的气体或者粉尘的工作场所，要使用防爆型电气设备。

**第四十七条**　电气设备和线路都要符合规格，并且应该定期检修。

**第四十八条**　电气设备的开关应该指定专人管理。

## 第六章　锅炉和气瓶

**第四十九条**　每座工业锅炉应该有安全阀、压力表和水位表，并且要保持准确、有效。

**第五十条**　工业锅炉应该有保养、检修和水压试验制度。

**第五十一条**　工业锅炉的运行工作，应该由经过专门训练并考试合格的专职人员担任。

**第五十二条**　各种气瓶在存放和使用的时候，必须距离明火10公尺以上，并且避免在阳光下曝晒；搬运时不能碰撞。

**第五十三条**　氧气瓶要有瓶盖和安全阀，严防油脂沾染，并且不能和可燃气瓶同放一处。

**第五十四条**　乙炔发生器要有防止回火的安全装置，并且应该距离明火10公尺以上。

## 第七章　气体、粉尘和危险物品

**第五十五条**　散放易燃、易爆物质的工作场所，应该严禁烟火。

**第五十六条**　发生强烈噪音的生产，应该尽可能在设有消音设备的单独工作房中进行。

**第五十七条**　发生大量蒸汽的生产，要在设有排气设备的单独工作房中进行。

**第五十八条**　散放有害健康的蒸汽、气体和粉尘的设备要严加密闭，必要的时候应该安装通风、吸尘和净化装置。

**第五十九条**　散放粉尘的生产，在生产技术条件许可下，应该采用湿式作业。

**第六十条**　有毒物品和危险物品应该分别储藏在专设处所，并且应该严格管理。

**第六十一条**　在接触酸碱等腐蚀性物质并且有烧伤危险的工作地点，应该设有冲洗设备。

**第六十二条**　对于有传染疾病危险的原料进行加工的时候，必须采取严格的防护措施。

**第六十三条**　对于有毒或者有传染性危险的废料，应该在当地卫生机关的指导下进行处理。

**第六十四条**　废料和废水应该妥善处理，不要使它危害工人和附近居民。

## 第八章　供　水

**第六十五条**　工厂应该保证生活用水和工业用水的充分供给。饮水非经当地卫生部门检验许可，不许使用。

**第六十六条**　水源、水泵、贮水池和水管等都应该妥善管理，保证饮水不受污染。

## 第九章　生产辅助设施

**第六十七条**　工厂应该为自带饭食的工人，设置饭食的加热设备。

**第六十八条**　工厂应该根据需要，设置浴室、厕所、更衣室、休息室、妇女卫生室等生产辅助设施。上列用室须经常保持完好和清洁。

**第六十九条**　浴室内应该设置淋浴。浴池要每班换水，禁止患有传染性皮肤病、性病的人入浴。

**第七十条**　厕所应该设在工作场所附近，男女厕所应该分开。

**第七十一条**　厕所要有防蝇设备。没有下水道的厕所，便坑必须加盖。

**第七十二条**　妇女卫生室应该设在工作场所附近，室内要备有温水箱、喷水冲洗器、洗涤池、污物桶等。

**第七十三条**　更衣室、休息室内要设置衣箱或者衣挂。沾有毒物或者特别肮脏的工作服必须和便服隔开存放。

## 第十章　个人防护用品

**第七十四条**　有下列情况的一种，工厂应该供给工人工作服或者围裙，并且根据需要分别供给工作帽、口罩、手套、护腿和鞋盖等防护用品：

（一）有灼伤、烫伤或者容易发生机械外伤等危险的操作。

（二）在强烈辐射热或者低温条件下的操作。

（三）散放毒性、刺激性、感染性物质或者大量粉尘的操作。

（四）经常使衣服腐蚀、潮湿或者特别肮脏的操作。

**第七十五条**　在有危害健康的气体、蒸汽或者粉尘的场所操作的工人，应该由工厂分别供给适用的口罩、防护眼镜和防毒面具等。

**第七十六条**　工作中发生有毒的粉尘和烟气，可能伤害口腔、鼻腔、眼睛、皮肤的，应该由工厂分别供给工人漱洗药水或者防护药膏。

**第七十七条**　在有噪音、强光、辐射热和飞溅火花、碎片、刨屑的场所操作的工人，应该由工厂分别供给护耳器、防护眼镜、面具和帽盔等。

**第七十八条**　经常站在有水或者其他液体的地面上操作的工人，应该由工厂供给防水靴或者防水鞋等。

**第七十九条**　高空作业工人，应该由工厂供给安全带。

**第八十条**　电气操作工人，应该由工厂按照需要分别供给绝缘靴、绝缘手套等。

**第八十一条**　经常在露天工作的工人，应该由工厂供给防晒、防雨的用具。

**第八十二条**　在寒冷气候中必须露天进行工作的工人，应该由工厂根据需要供给御寒用品。

**第八十三条**　在有传染疾病危险的生产部门中，应该由工厂供给工人洗手用的消毒剂，所有用具、工作服和防护用品，必须由工厂负责定期消毒。

**第八十四条**　产生大量一氧化碳等有毒气体的工厂，应该备有防毒救护用具，必要的时候应该设立防毒救护站。

**第八十五条**　工厂应该经常检查防毒面具、绝缘用具等特制防护用品，并且保证它良好有效。

**第八十六条**　工厂对于工作服和其他防护用品，应该负责清洗和修补，并且规定保管和发放制度。

**第八十七条**　工厂应该教育工人正确使用防护用品。对于从事有危险性工作的工人（如电气工、瓦斯工等），应该教会紧急救护法。

## 第十一章　附　则

**第八十八条**　各企业主管部门可以根据本规程结合各该产业的具体情况，制定单行的细则，并且送劳动部备案。

**第八十九条**　本规程由国务院发布施行。

# 11.建筑安装工程安全技术规程

（1956年5月25日国务院全体会议第二十九次会议通过）

## 第一章　总　则

**第一条**　为适应国家基本建设需要，保护建筑安装工人职员的安全和健康，保证劳动生产率的提高，制定本规程。

**第二条**　本规程适用于工业建设（矿井建设除外）和民用建设的施工单位（以下简称施工单位）。

## 第二章　施工的一般安全要求

**第三条**　施工单位的技术领导人必须熟悉本条例的各项规定，在所编制的施工组织设计中应提出安全技术措施，并且应该对工人讲解安全操作方法。凡是不了解本规程的工程技术人员和未受过安全技术教育的工人，都不许参加施工工作。

**第四条**　工地宿舍、办公室、工作棚、食堂等临时建筑，必须先经设计，并且经工程技术负责人审核和上级领导批准后，才能施工；竣工后要由工程技术负责人会同安全技术人员、工会劳动保护干部检查验收后，才能使用。

**第五条**　对于从事高空作业的职工，必须进行身体检查。不能使患有高血压、心脏病、癫痫病的人和其他不适于高空作业的人，从事高空作业。

**第六条**　施工单位对于高空作业工人，应该供给工具袋。

**第七条**　在建筑安装过程中，如果上下两层同时进行工作，上下两层间必须设有专用的防护棚或者其它隔离设施；否则不许使工人在同一垂直线的下方工作。

**第八条** 遇有六级以上强风的时候，禁止露天进行起重工作和高空作业。

**第九条** 施工现场中的脚手板、斜道板、跳板和交通运输道，都应该随时清扫，如果有雨水冰雪，要采取防滑措施。

**第十条** 在天然光线不足的工作地点或者在夜间进行工作，都应该设置足够的照明设备；在坑井、隧道和沉箱中工作，除应该有常用电灯外，并且要备有独立电源的照明灯。

**第十一条** 寒冷地区的施工单位，冬季施工的时候，应该在施工地区附近设置有取暖设备的休息处所；施工现场和职工休息处所的一切取暖、保暖措施，都应该合乎防火和安全卫生的要求。

**第十二条** 进行汽热法施工的时候，应该采取防止工人被蒸汽或者配汽设备烫伤的安全措施。

**第十三条** 进行电热法施工的时候，应该在作业地区设置围栏和悬挂警告标志。用60伏特以上电压加热的时候，除测温工作外，应该在作业地区内禁止进行其他工作。

## 第三章 施工现场

**第十四条** 施工现场应该合乎安全卫生的要求。在现场上的附属企业、机械装置、仓库、运输道路和临时上下水道、电力网、蒸汽管道、压缩空气管道、乙炔管道、乙炔发生站和其他临时工程的位置、规格，都应该在施工组织设计中详细规定。

**第十五条** 在施工现场周围和悬崖、陡坎处所，应该用篱笆、木板或者铁丝网等围设栅栏。

**第十六条** 工地内的沟、坑应该填平，或者设围栏、盖板。

**第十七条** 施工现场要有交通指示标志，危险地区应该悬挂“危险”或者“禁止通行”的明显标志，夜间应该设红灯示警。场地狭小、行人来往和运输频繁的地点，应该设临时交通指挥。

**第十八条** 工地内架设的电线，它的悬吊高度和工作地点的水平距离，应该按照当地电业局的规定办理。

**第十九条** 施工现场内一般不许架设高压电线；必要的时候，应该按照当地电业局的规定，使高压电线和它所经过的建筑物或者工作地点保持安全的距离，并且适当加大电线的安全系数，或者在它的下方增设电线保护网；在电线入口处，还应该设有带避雷器的油开关装置。

**第二十条** 工地内交通运输道路，应该经常保持通畅，并且应该尽量采用单行线和减少不必要的交叉点。载重汽车的弯道半径，一般应该不少于15公尺，特殊情况应该不少于10公尺。

**第二十一条** 工地内行驶斗车、小平车的轨道应该平坦，坡度不能大于百分之三。上述车辆都应该备有制动闸。铁轨终点应该向上弯曲，或者设车挡。

**第二十二条** 轨道和行人道、运输道的交叉处所，应该满铺和轨顶取平的木板；在火车道口两侧应该设落杆、标志和信号。

**第二十三条** 工地内应该有适当的排水沟。排水沟应该不妨碍工程地区内的交通。通过运输道路的沟渠，应该搭设能确保安全的桥板。

**第二十四条** 一切材料的存放都要整齐和稳固。存放脚手杆要设支架。现场中拆除的模型板和废料等应该及时清理，并且将钉子拔掉或者打弯。

**第二十五条** 在山沟、河流两岸，铺设交通线路或者设置一切临时建筑，都应该事先了解地形、历年的山洪和最高水位的情况，以防灾害。

**第二十六条** 存放爆炸物的仓库，必须和厂矿、房屋、人口稠密处所、交通要道和高压线等保持安全距离。仓库要用耐火的材料（砖、石等）建筑，库顶应该采用轻型结构和安设避雷针，库内要有完善的通风设备和温度表，门窗应该向外开，不要使用透明玻璃，地板的铁钉不能外露。仓库周围应该设防爆掩护物，50公尺内严禁烟火，并且应该设有消防设备。

**第二十七条** 工地临时存放少量的炸药、雷管、引线等，必须以有盖的木箱分别存放于安全处所，并且应该派有专职或者兼职人员负责保管和设置禁止烟火的标志。

第二十八条 雷管、引线和炸药应该分库存放，不能混淆；各库之间应该保持安全距离。在存有爆炸物的仓库内，严格禁止火药加工和装插雷管引线等工作，存放爆炸物的仓库内，应该采用防爆型照明设备。

**第二十九条** 危害工人健康的颜料和其他有害物质，应该存放在通风良好的专用房舍内。沥青应该存放在不受阳光直接照射或者不易熔化的场所。

## 第四章 脚手架

**第三十条** 木杆应该以剥皮杉木和其他各种坚韧的硬木为标准，杨木、柳木、桦木、椴木、油松和其他腐朽、折裂、枯节等易折木杆，一律禁止使用。竹竿应该以4年以上的毛竹为标准，青嫩、枯黄、或者有裂纹、虫蛀的都不许使用。

**第三十一条** 使用木杆做脚手的，立杆有效部分的小头直径不能小于7公分，大横杆、小横杆（排木）有效部分的小头直径不能小于8公分。使用竹竿做脚手的，立杆大横杆有效部分的小头直径不能小于7.5公分，小横杆有效部分的小头直径不能小于9公分（对于小头直径在6公分以上不足9公分的竹竿，可以采取双竿合并使用的办法）。

**第三十二条** 架子的铺设宽度不能小于1.2公尺，大横杆间隔不能大于1.2公尺。木脚手的立杆间隔不能大于1.5公尺，小横杆的间隔不能大于1公尺。竹脚手必须搭设双排架子，立杆的间隔不能大于1.3公尺，小横杆的间隔不能大于0.75公尺。

**第三十三条** 架子必须设斜拉杆和支杆，高在7公尺以上的工程无法顶支杆的时候，架子要同建筑物连结牢固，立杆和支杆的底端要埋入地下，深度应该视土壤性质决定；在埋入杆子的时候，要先将土坑夯实，如果是竹竿，必须在基坑内垫以砖石，以防下沉；遇松土或者无法挖坑的时候，必须绑扫地杆子。

**第三十四条** 凡是搭设高达10公尺以上的竹脚手架，要在立竿旁加设顶撑或者使用双行立竿。竹脚手的小横竿，它的两头伸出大横竿部分不能短于30公分。斜拉竿和立竿的交叉处都要绑牢。

**第三十五条** 搭架子可以根据各地经验采用坚韧的麻绳、棕绳、草绳、铁丝或者篾条切实扎绑，并且要经常检查。

**第三十六条** 斜道的铺设宽度不能小于1.5公尺；斜道的坡度不能大于1比3，斜道防滑木条的间距不能大于30公分，拐弯平台不能小于6平方公尺。

**第三十七条** 脚手板必须使用5公分厚的坚固木板，凡是腐朽、扭纹、破裂和大横透节的木板都不能使用。如果使用竹片编制的竹脚手板，板的厚度不能小于5公分，螺栓孔不能大于1公分，螺丝必须拧紧。

**第三十八条** 脚手板和斜道板要满铺于架子的横杆上，在斜道两边，斜道拐弯处和高在3公尺以上的脚手架的工作面外侧，应该设18公分高的挡脚板，并且要加设1公尺高的防护栏杆。

**第三十九条** 脚手架的负荷量，每平方公尺不能超过270公斤，如果负荷量必须加大，架子应该适当地加固。

**第四十条** 悬吊式脚手架应该以坚固的材料构成，脚手板间不能有空隙，并且应该设防护栏杆。吊架挑梁应该插在墙壁的牢固部分，严禁插在房檐上，挑梁的下方应该垫入5公分厚的垫木。

**第四十一条** 吊架所用的钢丝绳，它的粗细应该按照负荷量决定。升降用的卷扬机或者滑车，应该合于吊架的计算荷量，并且要设双重制动闸。

**第四十二条** 安装管式金属脚手架，禁止使用弯曲、压扁或者有裂缝的管子，各个管子的联接部分要完整无损，以防倾倒或者移动。

**第四十三条** 金属脚手架的立杆，必须垂直地稳放在垫木上，在安置垫木前要将地面夯实、整平。

**第四十四条**　安装金属脚手架的地点，如果有电气配线的设备，在安装和使用金属脚手架期间，应该将它断电或者拆除。

**第四十五条**　里脚手架的铺设宽度不能小于1.2公尺，高度要保持低于外墙的20公分。砌墙高达4公尺的时候，要在墙外安设能承受160公斤荷重的防护挡板或者安全网，墙身每砌高4公尺，防护挡板或者安全网应该随墙身提高。

**第四十六条**　里脚手使用的伸出式挑架，要用坚固的材料作成，伸出墙外部分不能小于1.2公尺，所铺脚手板不能有空隙，并且要设有防护栏杆和18公分高的挡脚板。

**第四十七条**　跳板要用5公分厚的坚固木板，单行跳板宽度不能小于0.6公尺，双行跳板宽度不能小于1.2公尺；跳板的坡度不能大于1比3，板面并且应该设防滑木条；凡是超过3公尺长的跳板，必须设支撑。

**第四十八条**　梯子必须坚实，不得缺层，梯阶的间距不能大于40公分。

**第四十九条**　两梯连接使用的时候，在连接处要用金属卡子卡牢，或者用铁丝绑牢，必要的时候可设支撑加固。

**第五十条**　梯子要搭在坚固的支持物上，如果底端放在平滑的地面，应该采取防滑措施；立梯的坡度以60度为适宜。

**第五十一条**　凡是承载机械的或者超过15公尺高的脚手架，必须先经设计，并且经工程技术负责人批准后才可以搭设。

**第五十二条**　脚手架要经施工负责人员检查验收后，才能使用，使用期间应该经常检查。

## 第五章　土石方工程

**第五十三条**　进行土方工程前，应该做好必要的地质、水文和地下设备（如瓦斯管道、电缆、自来水管等）的调查和勘察工作。

**第五十四条**　挖掘基坑、井坑的时候，如果发现有不能辨认的物品，应该立即报告上级处理，严禁随意敲击或者玩弄。

**第五十五条** 在深坑、深井内操作的时候，应该保持坑、井内通风良好，并且注意对于有毒气体的检查工作，遇有可疑现象，应该立即停止工作，并且报告上级处理。

**第五十六条** 在靠近建筑物旁挖掘基坑的时候，应该视挖掘深度，作好必要的安全措施。

**第五十七条** 挖掘土方应该从上而下施工，禁止采用挖空底脚的操作方法，并且应该做好排水措施。

**第五十八条** 挖掘基坑、井坑的时候，应该视土壤性质、湿度和挖掘深度，设置安全边坡或者固壁支架；对于土质疏松或者较宽、较深的沟坑，如果不能使用一般的支撑方法，必须按照特定的设计进行支撑。挖出泥土的堆放处所和在坑边堆放的材料，至少要距离坑边0.8公尺，高度不能超过1.5公尺。对基坑、井坑的边坡或者固壁支架应该随时检查（特别是雨后和解冻时期），如果发现边坡有裂缝、疏松或者支撑有折断、走动等危险征兆，应该立即采取措施。

**第五十九条** 拆除固壁支架的时候，应该按照回填顺序，从下而上逐步拆除。更换支撑时，应该先装上新的，再拆下旧的，拆除固壁支架和支撑的时候，必须由工程技术人员在场指导。

**第六十条** 使用机械挖土前，要先发出信号。挖土的时候，在挖土机挺杆旋动范围内，不许进行其他工作。装土的时候，任何人都不能停留在装土车上。

**第六十一条** 在有支撑的沟坑中，使用机械挖土，必须注意不使机械碰坏支撑。在沟坑边使用机械工作的时候，应该详细检查计算坑内支撑强度，必要的时候另行加强支撑。

**第六十二条** 一切爆炸物的运输，要指定专人负责。雷管和炸药不许放在同一舟车或者同一容器内运输。运送的时候，应该妥为包装捆扎，不能散装、改装，也不能震动、冲击、转倒、坠落和摩擦等。运输时严禁抽烟，或者携带烟火等易燃物品。运输途中，不许在人多的地方休息。

**第六十三条** 爆炸石方工作应该按照下列规定执行：

（一）打眼、装药、放炮要由经过训练和考试合格的人员负责进行，并且应该有严密的组织和检查制度。

（二）在闪电打雷的时候，禁止装置炸药、雷管和联接电线。捣填炮药，严禁使用铁器。所用引线，要加以检验。

（三）使用电雷管的时候，应该指定专人掌握电爆机，并且必须等待电线完全接妥，员工全部避入安全地带后，才可以通电点炮。电爆机距炮眼电线的长度应该视现场情况决定。联接雷管和引线要用特制的钳铗挟紧，严禁用牙齿咬紧和用力敲压。

（四）使用炸胶爆炸石方的时候，应该以挤压办法使炸胶结实，严禁捣击。禁止使用冻结、半冻结或者半溶化的炸胶。已冻炸胶的解冻处理工作，必须指定有经验的人谨慎进行。取用炸胶应该戴手套。炸胶溶化时避免和皮肤接触。

（五）在城镇房屋较多的场所爆炸石方的时候，最好放闷炮（药量较少的炮），并且要在施放前在石上架设掩护物。

（六）放炮后要经过20分钟才可以前往检查。遇有瞎炮，严禁掏挖或者在原炮眼内重装炸药，应该在距离原炮眼60公分以外的地方另行打眼放炮。

（七）同一工地必须由专人统一掌握放炮时间，放炮前，必须使危险区内的全体人员退至安全地带，并且在危险区四周设立岗哨和危险标志，禁止通行。

## 第六章　机电设备和安装

**第六十四条**　电气设备和线路的绝缘必须良好，裸露的带电导体应该安装于碰不着的处所，或者设置安全遮栏和显明的警告标志。

**第六十五条**　电气设备和装置的金属部分，可能由于绝缘损坏而带电的，必须根据技术条件采取保护性接地或者接零的措施。

**第六十六条**　电线和电源相接的时候，应该设开关或者插销，不许随便搭挂；露天的开关应该装在特制的箱匣内。

**第六十七条**　行灯的电压不能超过36伏特；在金属容器内或者

潮湿处所工作的时候，行灯电压不能超过12伏特。

**第六十八条** 电焊工作物和金属工作台同大地相隔的时候，都要有保护性接地。

**第六十九条** 电动机械和电气照明设备拆除后，不能留有可能带电的电线。如果电线必须保留，应该将电源切断，并且将线头绝缘。

**第七十条** 电气设备和线路都必须符合规格，并且应该进行定期试验和检修。修理的时候，要先切断电源；如果必须带电工作，应该有确保安全的措施。

**第七十一条** 每座工业锅炉都应该有安全阀、压力表和水位表，并且要保持准确有效。

**第七十二条** 工业锅炉应该有维护保养、检查修理和水压试验制度，并且应该由经过专门训练和考试合格的专职人员担任司炉工作。

**第七十三条** 各种气瓶在存放和使用时，要距离明火10公尺以上，并且避免在阳光下曝晒，搬动的时候不能碰撞。

**第七十四条** 氧气瓶要有瓶盖，氧气瓶的减压器上应该有安全阀，严防沾染油脂，并且不能和可燃气瓶同放一处。

**第七十五条** 乙炔发生器必须有防止回火的安全装置，并且要距离明火10公尺。

**第七十六条** 焊接场所应该保持通风良好。进行电焊、电割和气焊、气割工作前，应该清除工作物和焊接处所的易燃物，或者在焊接处所采用防护设施。

**第七十七条** 风动工具的气阀，必须不漏气和易于开闭。风动工具在使用中不能进行调整和更换零件。

**第七十八条** 一切机械和动力机的机座必须稳固；放置移动式机器的时候，应该防止它由于自重和外部荷重作用引起移动和倾倒。

**第七十九条** 传动带、明齿轮、砂轮、电锯、接近于地面的联轴节、转轴、皮带轮和飞轮等危险部分，都要安设防护装置。

**第八十条** 机器的转动摩擦部分，可设置自动加油装置；如果用人工加油，要使用长嘴注油器，难于加油的，应该停车注油。

**第八十一条** 起重机械、牵引机械和辅助起重工具，都要标明最大负荷量；起重和牵引机械并且要标明安全速度。

**第八十二条** 各式起重机应该根据需要安设过卷扬限制器、起重量控制器、联锁开关等安全装置。悬臂起重机应该有起重量指示器。轨道臂式起重机必须安有夹轨钳。

**第八十三条** 起重机在使用前要经过试车，试车前应该注意检查挂钩、钢丝绳、齿轮和电气部分等；使用的时候应该设专人指挥，禁止斜吊，并且禁止任何人站在吊运物品上或者在下面停留和行走。物件悬空的时候，驾驶人员不能离场。

**第八十四条** 传送带的起卸处应该装设专用平台，禁止用手在带上直接卸取材料。传送机运转时，禁止用手清理卷轮、滑车和传送带上的附着物。

**第八十五条** 机器设备和工具要定期检修，如果损坏，应该立即修理。

**第八十六条** 安装机械的时候，不许将机械的拉线绑在脚手架上，没有经过技术负责人的批准，不许利用脚手架作起重机和滑车的支架。

**第八十七条** 擦洗和修理机械的时候，应该采取措施以防止机械传动部分因受电流或者自重作用而自行转动。擦洗机器不能使用含铅的汽油。

**第八十八条** 安装、拆洗、试运和修理机器的时候，应该对各种转动部分采取临时性的防护措施。一切和工作无关的人员都不许接近。

**第八十九条** 各种机电设备都应该由经过训练和考试合格的专职人员操纵、装拆或者检修。

## 第七章 拆除工程

**第九十条** 拆除工程在施工前，应该对建筑物的现状进行详细调查，并且编制施工组织设计，经总工程师批准后，才可以动工。

较简单的拆除工程，也要制订切合实际的安全措施。

**第九十一条** 拆除工程在施工前，要组织技术人员和工人学习施工组织设计和安全操作规程。

**第九十二条** 拆除工程的施工，必须在工程负责人员的统一领导和经常监督下进行。

**第九十三条** 拆除工程在施工前，应该将电线、瓦斯管道、水道、供热设备等干线通该建筑物的支线切断或者迁移。

**第九十四条** 工人从事拆除工作的时候，应该站在脚手架或者其他稳固的结构部分上操作。

**第九十五条** 拆除建筑物，应该自上而下顺序进行，禁止数层同时拆除。当拆除某一部分的时候，应该防止其他部分发生坍塌。

**第九十六条** 拆除建筑物的栏杆、楼梯和楼板等，应该和整体拆除程度相配合，不能先行拆掉。建筑物的承重支柱和横梁，要等待它所承担的全部结构拆掉后才可以拆除。

**第九十七条** 拆除建筑物一般不采用推倒方法，遇有特殊情况必须采用推倒方法的时候，必须遵守下列规定：

（一）砍切墙根的深度不能超过墙厚的三分之一，墙的厚度小于两块半砖的时候，不许进行掏掘。

（二）为防止墙壁向掏掘方向倾倒，在掏掘前，要用支撑撑牢。

（三）建筑物推倒前，应该发出信号，待全体工作人员避至安全地带后，才能进行。

**第九十八条** 用爆破方法拆毁建筑物的时候，应该按照本规程有关爆破的规定执行。用爆破方法拆毁建筑物部分结构的时候，应该保证其他结构部分的良好状态。爆破后，如果发现保留的结构部分有危险征兆，要采取安全措施后，才能进行工作。

**第九十九条** 拆除建筑物的时候，楼板上不许有多人聚集和堆放材料，以免发生危险。

**第一百条** 在高处进行拆除工程，要设置流放槽，以便散碎废料顺槽流下。拆下较大的或者沉重的材料，要用吊绳或者起重机械及时吊下或者运走，禁止向下抛掷。拆卸下来的各种材料要及时清理，分别堆放于一定处所。

## 第八章　防护用品

**第一百零一条**　施工单位应该供给职工适用的、有效的防护用品，并且要规定发放、保管、检查和使用的办法。

**第一百零二条**　对下列工人，应该根据工作需要，分别供给防护用品：

（一）架子工：供给套袖、裹腿、垫肩、风镜。

（二）砌砖工：供给帆布指套或者手指涂胶的线手套。

（三）不使用卡砖器的搬砖工：供给手垫。

（四）抹灰工：供给套袖、手套、风镜。

（五）喷灰工：供给工作服、风镜、口罩、手套、鞋盖。

（六）淋筛、合白灰工：分别供给胶鞋和带护腿的鞋盖、风镜、口罩、手套、披肩头巾。

（七）混凝土搅拌、捣固、平灰、养护工：分别供给围裙、手套、胶靴（或者胶鞋和带护腿的鞋盖）。

（八）石工：分别供给防护眼镜、口罩、帆布手套。

（九）打桩工：供给手套、裹腿。

（十）水磨理石工和电磨理石工：分别供给胶鞋或者胶靴，电磨理石工加发绝缘手套。

（十一）水暖工：供给手套，在水道中工作的时候供给工作服、胶靴、口罩。

（十二）钢筋工：供给帆布手套、垫肩、帆布围裙、口罩。

（十三）白铁工：供给手套、围裙。

（十四）油漆工和喷漆工：油漆工供给带袖围裙、手套；喷漆工供给工作服、手套、风镜、口罩。

（十五）扛挑工：供给垫肩或者有领垫肩，搬运水泥、石灰的时候，加发披肩头巾、口罩、风镜、鞋盖、长袖手套。

（十六）木工：分别供给套袖、围裙。

（十七）电锯工：供给口罩、风镜、帆布围裙、套袖。

（十八）挖土机、平土机、推土机、起重机的司机和助手：分别供给工作服、手套、风镜、口罩。

（十九）电气操作工：分别供给绝缘靴、绝缘手套、线手套、风镜、套袖、裹腿等。

（二十）钳工、铆工、焊工、锻工、起重工：根据工作不同情况，按照工厂安全卫生规程的规定，分别供给防护用品。

**第一百零三条**　对于从事沥青工作的工人，分别供给坚实的棉布或者麻布的工作服、防护眼镜、防护口罩或者过滤式呼吸器、帆布手套、帆布鞋盖和防护油膏。工作完毕后必须洗澡。

**第一百零四条**　对于从事下列工作的工人，都要加发柳条帽或者藤帽：

（一）在高空作业的下方进行工作的工人。

（二）在深坑、深槽或者井下工作的工人。

（三）拆模板和架子的工人。

**第一百零五条**　对于在水中工作的工人，应该供给胶靴，在深水工作的时候，应该供给胶皮工作服。

**第一百零六条**　对于在高空工作的工人，如果没有防护装置，应该供给安全带。

**第一百零七条**　对于在雨中工作的工人，应该根据需要分别供给胶鞋、胶靴、蓑衣、雨衣、斗笠等防雨用具。

**第一百零八条**　对于在严寒气候中从事露天工作的工人，应该根据需要供给防寒用品。

**第一百零九条**　对于在施工现场工作的技术人员和管理人员，应该根据需要供给防护用品。

**第一百一十条**　对于从事其他有害健康工作的工人（指本规程内未提出的工种），都应该根据需要分别供给防护用品。

## 第九章　附　则

**第一百一十一条**　各企业主管部门、各省、自治区、直辖市人民委员会可以根据本规程制定单行的细则，并且送劳动部备案。

**第一百一十二条**　本规程由国务院发布施行。

## 12. 工人职员伤亡事故报告规程

（1956年5月25日国务院全体会议第二十九次会议通过）

**第一条** 为了及时了解和研究工人职员的伤亡事故，以便采取消除伤亡事故的措施，保证安全生产，制定本规程。

**第二条** 本规程适用于国营、地方国营、合作社营和公私合营的工业、交通运输业、建筑业、伐木业的企业，地质和水利系统的工程单位，机械农场和农业机器站。

**第三条** 企业（指第二条所列各单位，以下同）对于工人职员在生产区域中所发生的和生产有关的伤亡事故（包括急性中毒事故，以下同），必须按照本规程进行调查、登记、统计和报告。

甲企业的工人职员在参加乙企业生产时发生伤亡事故，应该由乙企业负责调查、登记、统计和报告，并且通知甲企业。

**第四条** 企业的厂长（或者总工程师，以下同）、车间主任和工段长（或者相当于上述职务的人员，以下同）应该对伤亡事故调查、登记、统计和报告的正确性和及时性负责。

**第五条** 工人职员发生负伤事故使本人工作中断的时候，负伤人员或者最先发现的人应该立即报告工段长，工段长应该立即报告车间主任，车间主任必须在下班前报告厂长。

**第六条** 工人职员丧失劳动能力满一个工作日和超过一个工作日的一切事故，车间主任必须会同安全技术人员和车间工会劳动保护人员调查事故原因，拟定改进措施，并且将调查结果按照本规程附件一编制“工人职员伤亡事故登记书”，填写其中第1项至第9项，分送厂长和工会基层委员会；分送的时间不能迟于事故发生后48小时。

**第七条** 发生多人事故（指同时伤及3人和3人以上的事故）、

重伤事故（指经医师诊断负伤人员成为残废的事故）或者死亡事故的时候，负伤人员或者最先发现的人应该立即报告工段长，工段长应该立即报告车间主任，车间主任应该立即报告厂长和工会基层委员会；厂长应该立即将事故概况（包括事故发生时间，伤亡者姓名、年龄、工种和职称、伤害程度——死亡、残废、负伤，事故经过和发生原因）用电报、电话或者其他快速办法报告企业主管部门、当地劳动部门（未设劳动部门的地方为人民委员会，以下同）和工会组织；企业主管部门、当地劳动部门和工会组织应该立即用电报、电话或者其他快速办法转报上级。

**第八条** 多人事故、重伤事故和死亡事故，应该由企业行政或者企业主管部门会同工会基层委员会组织调查小组（必要的时候组织调查委员会）尽速进行调查，当地劳动部门、工会组织和其他有关部门可以派员参加。调查后必须确定事故原因，拟定改进措施，提出对事故负责人的处分意见，并且按照本规程附件二编制“工人职员伤亡事故调查报告书”，分送厂长、工会基层委员会、企业主管部门、当地劳动部门、工会组织和其他参加调查的单位。企业主管部门、当地劳动部门和工会组织收到“工人职员伤亡事故调查报告书”后，应该将调查报告书副本及时转报上级。

企业中发生多人事故、重伤事故和死亡事故后，除按照本条规定办理外，还要按照本规程第六条规定编制“工人职员伤亡事故登记书”。

**第九条** 在伤亡事故的情况查清以后，如果各有关方面对于事故的分析和事故负责人的处分不能取得最后一致的意见的时候，劳动部门应该提出结论性的意见交厂矿领导机关或者企业主管部门办理。如果仍有不同意见，可分别报告上级有关部门研究处理。

**第十条** 在伤亡事故已经报告后，如果有负伤人员死亡，厂长应该立即向当地劳动部门、工会组织和企业主管部门补报。

**第十一条** 厂长应该保证实现“工人职员伤亡事故登记书”第9项和“工人职员伤亡事故调查报告书”第14项所提出的改进措施。

在改进措施完成期限届满后，厂长和工会基层委员会主席应该检查完成情况，填写“工人职员伤亡事故登记书”第10项和“工人职员伤亡事故调查报告书”第15项并且盖章。

**第十二条** 在负伤的人伤愈恢复工作、确定为残废或者因伤死亡的时候，厂长应该填写“工人职员伤亡事故登记书”第11项并且盖章。

**第十三条** 企业行政应该在每季终了后10日内，将工人职员连续丧失劳动能力超过三个工作日的负伤事故，按照本规程附件三编制“工人职员负伤事故季报表”，连同季度伤亡情况的文字说明，报告企业主管部门和当地劳动部门，并且送工会基层委员会。如果在报告季度内没有连续丧失劳动能力超过三个工作日的负伤事故发生，以前季度发生的负伤事故在本季度内也没有结束，就应该填写季报表的表头和职工人数栏，分别报送。

**第十四条** 企业主管部门和劳动部门应该根据“工人职员负伤事故季报表”编制综合季报，连同季度伤亡情况的文字说明，按照系统逐级上报，并且分送同级统计部门。各级企业主管部门的综合季报和文字说明，应该同时分送同级劳动部门和工会组织。

**第十五条** 负伤事故季报表和综合季报应该按照生产企业和基本建设单位分别编制。

**第十六条** 企业主管部门和劳动部门应该将死亡事故按照本规程附件四编制“工人职员死亡事故月报表”，逐级上报，并且分送同级统计部门。

**第十七条** 劳动部门对企业进行伤亡事故的调查、登记、统计、报告和处理，实行监督检查。

企业行政或者企业主管部门对于多人事故、重伤事故和死亡事故的负责人的处分，要取得当地劳动部门或者上级劳动部门同意后执行。

**第十八条** 工会组织有权监督企业对本规程的执行。

**第十九条** 企业对于职工伤亡事故，如果有隐瞒不报、虚报或者故意延迟报告的情况，除责成补报外，责任人应该受纪律处分；情节严重的，应该受刑事处分。

**第二十条**　中央各企业主管部门可以根据本规程制订实施细则，并且送劳动部备案。

**第二十一条**　本规程由国务院发布施行。

（附表另发）

# 13. 电力工业无事故奖励条例

（1956年5月29日电力工业部发布）

**第一条** 为鼓励职工在电业生产中积极注意消灭事故，保证安全特制订本条例。

**第二条** 实行本奖励的人员及奖金率见附表①。尚未许可独立执行工作的人员不得实行本奖励。

**第三条** 实行本奖励的人员，当月未发生本条例第六条至第十四条所列情况时，即按已达到的无事故记录期数应得的累进奖金率给予奖励。

**第四条** 实行本奖励的人员，在消灭事故，保证安全上有显著成绩者，厂长或线路管理所主任可以提高其当月应得奖金，但最高不得超过他一个月应得的标准工资。

**第五条** 事故和障碍的定义和分类，依照本部发布的“电业事故调查规程”办理。

**第六条** 设备在运行中由于运行人员的过失发生事故时，取消过失人及其各级领导人员当月的奖金和无事故记录；与过失人同分场的同值人员，或同变电站的同值人员或线路工段的同一工组人员皆须取消奖金保持他们前月已达到的无事故记录。

**第七条** 设备在运行中或在检修中，由于检修人员的过失发生事故时，取消过失人及其各级领导人员当月的奖金和无事故记录；与过失人同班组的人员均须取消奖金保持他们前月已达到的无事故

① 附表从略。

记录。

**第八条** 设备在运行中，由于运行人员的过失发生障碍时，取消过失人该月的奖金保持前月已达到的无事故记录。

如因发生障碍引起设备损坏时，应该取消过失人该月的奖金与无事故记录；与过失人共同进行操作的其他人员，应取消奖金保持他们前月已达到的无事故记录。

**第九条** 设备在运行中或在检修中，由于检修人员的过失发生障碍时，取消过失人该月的奖金保持他前月已达到的无事故记录。

如因发生障碍引起设备损坏时，应取消过失人该月的奖金与无事故记录；与过失人共同进行检修工作的其他人员，应取消奖金保持他们前月已达到的无事故记录。

**第十条** 在设备运行过程中，如因未实行预防性的措施，或未消除可能消除的事故根源，以及由于检修质量不良而造成事故时，取消有关领导人员及管理该设备四值人员该月的奖金，责任者取消无事故记录，其他人员保持前月已达到的无事故记录。

**第十一条** 如甲分场设备发生的事故，是因乙分场的责任所造成，且确为甲分场所不能预防者，甲分场管理该设备的当值人员取消奖金，保持前月已达到的无事故记录。乙分场的有关人员按第六条处理。

如因甲分场措施不当，致使事故扩大时，则甲、乙分场有关人员的奖励，均按责任事故处理。

**第十二条** 检修质量不符标准，取消责任者及其各级领导人员的奖金和无事故记录。与责任者共同进行检修工作的人员取消奖金保持前月已达到的无事故记录。

**第十三条** 如发生系统事故或严重事故（包括损坏设备的严重事故）电业局长有权停发本月份发电厂或线路管理所全部人员的全部奖金。

**第十四条** 对未遂事故的过失人，违犯设备运行规程，电业安全工作规程、电业检修规程、劳动纪律、以及未及时执行反事故措施计划、或工作岗位不保持清洁的人员，厂长或线路管理所主任可以根据具体情况，取消他当月奖金的一部或全部，情节严重者可以取消无事故记录。

**第十五条** 每人每期应得奖金按下列公式计算：个人应得奖金=实际参加工作日数×日标准工资×本期应得奖金率。

**第十六条** 每人每期实际出勤日数不满法定工作日的二分之一者，本期无事故记录不得成立，其奖金按上期奖金率计算。如过去无事故记录者，按第一期奖金率计算。

**第十七条** 备用厂和备用设备的受奖人员，在一期内不拘其运转时间的长短，无事故记录均得成立，其奖金按实际运转时间（从开始运转至停止运转）计算。如未运转时仍保持上月已达到的无事故记录。

**第十八条** 因发生事故取消奖金并取消无事故记录者，在下期适合受奖条件时，其奖金自第一期开始计算。

保持前月已达到的无事故记录者，在下期适合受奖条件时，其奖金自发生事故的前一月所达到的无事故记录累进计算。

无事故记录达十二期以上者，其超过十二期之各期，统按十二期奖金率计算。

**第十九条** 因工作需要，职工被调换工作时，（包括临时性的借调）在符合得奖条件下，其奖金根据原达到的无事故记录期数，按新工作岗位的奖金率计算。如新工作岗位的奖金率低于工作调动前所得奖金率时，则应保持被调换人员原奖金率。直到新工作岗位的奖金率达到调动前为止。

因工作不称职或因违犯劳动纪律而调动工作者，应取消本月份的奖金和无事故记录。改按新工作岗位的奖金率并自第一期起计算。

**第二十条** 每期应受奖人员及应取消奖金或无事故记录人员，由分场主任或工段长提名送运行监察工程师、安全技术工程师及劳动工资科长审核后，经发电厂长或线路管理所主任批准。

厂长和线路管理所主任的奖金报电业局长批准。支付奖金前必须将取消奖金的原因公布。

**第二十一条** 本条例的解释权与修改权属于电力工业部。

## 14.财政部关于1956年国营企业超计划利润分成和使用的规定

（1956年10月11日国务院批准）

一、国营企业超计划利润分成的计算，以年度为准，以主管部为单位。主管部汇总的年度决算报告经过审核以后，全年实现的利润数额超过国家批准的年度计划利润的部分，即为主管部的超计划利润。超计划利润扣除应提的超计划利润企业奖励基金和基层企业社会主义竞赛奖金以后，以40%留归各主管部使用，60%解缴金库。

季度发生的超计划利润，在保证完成全年计划利润的前提下，可以比照上述计算方法，进行预分。但在第二、第三季度计算超计划利润时，应当将以前季度的数额累计起来一并计算。

二、为了发挥基层企业超额完成国家计划的积极性，各部可以将超计划利润留成的一部分，分给基层企业使用。具体办法由各主管部自行规定。

三、超计划利润留成的使用范围如下：

（一）弥补企业因超额完成生产任务或者因其他原因而发生的流动资金的不足；

（二）弥补基本建设计划内已列项目的资金的不足；

（三）弥补技术组织措施费、新产品试制费和零星基本建设支出的不足；

（四）经国家专案批准的基本建设项目（包括职工宿舍）；

（五）其他用途（如各项奖金等）。

超计划利润留成部分，不得用于主管部（局）本身的各项行政支出。

**四、**超计划利润留成部分的管理和监督，按下列规定：

（一）超计划利润留成部分，作为各部和各企业的特种资金处理，部和企业在前条规定的使用范围内自行使用，不通过国家预算。

（二）超计划利润留成部分，当年使用不完，可以结转下年继续使用。

（三）年度决算报告批准以前，超计划利润留成部分用于第三条二至五项用途的，不得超过当年预分数额的50%；其余可以暂时作为流动资金周转。

（四）超计划利润留成部分用于基本建设的，应当作为企业自筹资金，交由中国人民建设银行监督拨付；基本建设投入生产以后，应当转作企业的固定资产，照提折旧基金。

**五、**地方国营企业超计划利润的分成和使用，由省、自治区、直辖市人民委员会按照具体情况自行规定，并且报送财政部备查。

# 15.国营水产企业利润解交办法

（1956年10月25日水产部、财政部发布）

**一**、水产部是新成立的部门，由于业务情况变化较多，计划不准，所属各企业都可以暂按实际利润解交。

**二**、国营水产企业的利润，由财政部授权省、市税务机关监督解交。

**三**、国营水产企业的利润，应当由交库单位集中解交。

交库单位分为以下二类：

1.海洋渔业及海淡水养殖捕捞企业都以省、市水产厅、局为交库单位。（旅大市海洋渔业系统以内各单位以旅大市水产局为交库单位。）

2.供销企业以省、市供销公司为交库单位。

**四**、交库单位每月的损益表，应当在下月15日以前编出，报省、市财政机关审核，并一面按损益表所列利润数额将实际完成的利润解交金库。如果月份损益表不能按期编出，应当先提出估交数字，经财政机关同意后，按估计数字先行解交，等损益表编出后，再按实际数字与财政机关进行结算，多退少补。

基层企业向交库单位汇解利润的时间，由交库单位自行规定。

**五**、省、市财政机关应当及时将交库单位的实际利润数额和估交利润数额通知省、市税务机关，据以监督解交。

**六**、交库单位解交利润时，应当填具四联交款书，除一联自存外，其余各联交金库分别存转，一联由金库存查，一联转送监督交库的税务机关，一联退交库单位作为记帐根据。

**七**、交库单位如果发生亏损时，应当提出造成亏损原因的分析说明书，报省、市水产厅、局核转省、市财政机关审核同意后即行退补。

省、市财政机关在办理退补时，应当先在原交库单位当年交库利润数额内退补，倘不足退补时，再从其他交库单位交库数额内退补。

八、省、市税务机关应当及时将交款数额进行登记，并与金库和交库单位核对清楚，上报税务总局，抄送省、市财政机关。

九、水产部和省、市水产厅、局应当负责督促所属企业单位按期完成利润计划。

省、市水产主管机构和财政机关应当随时分析研究水产企业利润计划完成情况，提出改进意见，省、市财政机关并负责与交库单位及时进行结算，年度终了以后先由交库单位与省、市财政机关办理清算分别上报水产部、财政部，再由两部办理汇总年度清算。

省、市税务机关应当经常检查交库单位利润的交库情况，并督促其及时解交。

十、基本折旧基金，固定资产变价收入，都应当比照以上办法按期解交。

## 16.财政部关于1957年建筑安装企业迁移费的补充规定

（1957年5月16日）

关于建筑安装企业的迁移费（即原建设预算所称施工机构转移费）我部在“关于1957年国营企业财务收支计划中若干费用划分问题的暂行规定”十四条已规定由各主管部门直接作为对所属建筑安装企业的投资，各发包部应付给承包部1957年的迁移费由各有关主管部门具体协商后共同报经委、建委和财政部一次划转投资指标。现据建筑工程部和有些省市反映1957年各部门和建设单位的基建项目至今未能最后确定，整个发包部应付给承包部的迁移费亦因而难以确定，此外，中央各部与省市之间指标划转亦有困难，因而影响了承包部门的工作和资金周转。鉴于上述情况以及国家预算即将报请国务院和全国人民代表大会审查批准。并经征得国家经委、建委同意，对建筑安装企业的迁移费作补充规定如下：

一、凡能按1957年费用划分规定第十四条执行者仍按原规定执行，此项投资划转时间最迟不得迟于7月底。并按照国家经委（57）经基谷字第416号文的规定，在投资划拨确定后，报国务院备案。同时抄告国家经委和财政部。

二、如果按费用划分规定执行有困难者。迁移费用的概算可由建筑安装企业编竣后送经建设单位审查同意，并由建设单位报请主管部门将此项费用拨付建筑安装企业。

中央各部与各省市、自治区以及各省、市、自治区之间相互承包所发生的迁移费亦可比照上述补充规定处理。

# 17.第一机械工业部关于改变现行管理制度的若干规定

（1957年5月10日）

为了更好地改进企业管理工作，根据中央关于权力下放及加强企业民主管理的精神，把国家计划的统一性和企业一定范围内的独立经营结合起来，在基本上不影响现行国家制度的原则之下，将本部对企业的若干现行管理制度作如下的修订。

## 一、计　划

**（一）**长远计划由部、局制定，在制订过程中应征求企业意见，企业应提出本厂合理的发展方案。

**（二）**年度计划编制程序：

（1）建议阶段：企业根据部、局提出的技术经济参考指标，编报企业年度计划建议方案。

（2）平衡阶段：部、局根据企业计划建议方案，结合国家的控制数字，进行全面平衡工作。

（3）正式编制计划阶段：最后平衡定案的计划任务，部、局以指令性的计划指标下达到企业，企业据此正式编制计划上报备案。

**（三）**计划的分期分级管理：

（1）部审批局、局审批企业的年度生产技术财务计划及重大产品的出产期，以此作为考核依据。

（2）季度计划由各局根据企业的不同情况决定由局或企业批准，批准的季度计划应于当季第一月的15日以前上报，部、局据此考核企业。材料供应计划应于季前根据定货要求提出。月度计划由企业根据季度计划自行编定。

（3）企业编制季度计划时，应保证部、局指定的特殊紧急任务及协作任务的完成。

**（四）**计划的考核指标：

部、局考核企业的指标，由原来的（1）生产总值，（2）商品产值，（3）产品品种数量和新产品品种，（4）上缴利润及利润总额，（5）劳动生产率，（6）可比产品成本降低率，（7）资金周转期等七项指标，减少为（1）商品产值，（2）部定主要产品品种数量，（3）上缴利润及利润总额，（4）总成本四项，其他指标作为分析或控制指标，仍应按期编报。

提取企业奖励基金的条件同于考核指标。

**（五）**价格的审批：新产品的出厂价格，在试制期间由企业与用户协商议价，报部、局备案。正式投入生产以后，即由部、局批准价格。新产品的不变价可以根据国家规定的原则由企业自定，并报部、局备案。

**（六）**企业生产的国家统一分配产品，其超产部分允许企业有自销权，但应保证计划分配部分的优先供应。

## 二、财　务

**（一）**超计划利润提成：

（1）企业在有超计划利润时，在全部超计划利润中，扣除超计划利润部分应提企业奖励基金和社会主义劳动竞赛奖金后，将余数的60%上缴国库，12%上缴主管局，28%留存本单位。留存本单位的部分，其使用范围为：因生产需要而进行计划外的小规模基本建设的投资；弥补技、劳、零三项投资拨款的不足；增产所需增加的流动资金和兴建集体福利事业。其中兴建集体福利事业使用数额不得超过企业分成总数的40%。企业对超计划利润分成的使用，应经职工代表大会讨论，按决定项目使用，不再报经上级批准。

（2）局在超额完成全局计划利润指标时，在全局超计划利润中，扣除企业应提超计划利润的企业奖励基金及社会主义劳动竞赛奖金以后，其余数的12%留局使用。其使用范围：对企业进行临时性财政援助；支援企业因生产需要而进行的计划外基建及技、劳、零三项投资拨款之不足；对由于客观原因而提不到企业奖励基金或提得少的单位进行补助；奖励给工作优良的企业。但不得用于局机关行政支出。

**（二）**企业奖励基金：

（1）企业奖励基金的使用范围，在国家未有新的规定之前，仍按前财委国营企业提用企业奖励基金的临时规定及本部（57）机抄劳字第9号抄转国务院1957年2月7日议字第1号指示有关规定办理，其中有关各主管局对所属企业提取30—40%集中使用和调剂一节，自1957年度起停止实行。

（2）主管局已集中的企业奖励基金，如目前尚有结余，可并做主管局超计划利润提成使用。

**（三）**技、劳、零三项投资：

部对各主管局的三项投资分项下达，但主管局在分配下达企业时，可在项目间统一调剂。

企业在主管局批准的三项投资范围内，各项之间可统一调剂使用。

**（四）**季度财务计划：

（1）季度执行预算缴款拨款和考核提奖均以季度财务计划（或季度拨缴款计划）为准。

（2）如企业在季度前不能及时上报季度财务计划，应先上报季度拨缴款计划，以满足国家季度财务预算平衡的要求。

（3）部前发（57）机财字第1号通知有关按年度财务计划分季指标执行考核的规定，自本办法公布之日起废止。

**（五）**流动资金：

（1）部以局为单位核定流动资金。局在部核定的定额范围内，有权对企业进行分配；在年度执行中，有权对各企业间流动资金的多余和不足进行调整。

（2）增产或临时性积压所需流动资金由银行贷款解决。

**（六）**小型技术组织措施贷款：

企业为提高产量、改进质量、降低成本，需要增加固定资产而无技术组织措施投资时，其所需资金如能在一年内（自贷款日算起）收回者，可向中国人民建设银行办理小型技术组织措施贷款解决。

**（七）**对企业财产盘亏，毁损及坏帐损失批准权限的修正：

财政部国营企业年度清查财产暂行办法及本部企业年度清查财产暂行办法施行细则第十九条第4项中，有关财产盘亏报请部、局核批的规定，改由企业首长批准处理列帐，不必上报；应收帐款等债权确实无法收回的，不论损失金额多少，均由企业首长负责批准列帐。

## 三、劳动组织和工资

**（一）**劳动计划中，除工资总额由部、局控制非经批准不准超过外，其他指标可由企业自行决定处理。但由于当前人员过多，一律不准擅自招收人员。

**（二）**组织定员：

（1）企业组织机构一般由企业自行决定。遇有大的变动时，如车间改为分厂，科改为处等，须报局审查批准，报部备案。

（2）企业内各个单位定员由厂自行决定，不再上报批准。

**（三）**工人调配，在劳动计划人员指标以内调配时，各厂可根据不同情况处理：

（1）工人有多余时，由各厂直接与部内、部外厂联系借用或调出。

（2）工人不足时，原则上应先在部内调整，如调整不能解决，各厂可通过地方劳动部门自行招收或与部内、部外厂联系借用或调入。

（3）部、局指定企业支援新厂的任务，企业必须保证完成。

**（四）**工资：

（1）部对工资工作只做带有政策性的原则规定，如工资标准、技术标准、奖励办法、计件规程……等，各厂可以根据规定结合本单位本地区的具体情况制定实施细则，并报局备案。

（2）除正副厂长、正副总工程师外，其余人员的工资均由厂长按照国家工资标准批准执行。

## 四、生产技术管理

（一）生产技术资料的借用与供应，由企业与企业之间、企业与研究机关之间直接联系解决，其批准权由企业及研究单位负责人决定。军用产品的技术资料管理办法另定。

（二）新产品试制与鉴定计划，部、局只控制重大的产品，其余由企业决定报局备案。

（三）技术组织措施计划由企业结合生产自行决定，其中重大项目有关长远计划的，应报局审查备案。（技术组织措施费用的管理按二项三条办法办理）

（四）产品材料消耗定额由企业自定，报部、局备案。

## 五、干部及技工学校管理

（一）部、局只管企业的正副厂长、正副总工程师，其余人员均归企业自行管理。

（二）技工学校统由企业领导，部、局只管培训计划。

上述各项规定，部分的扩大了企业在管理方面的权限，请各企业研究执行。并望各企业及时将执行中的困难报部，以便研究解决。部正在研究如何给企业更多的独立经营的权力，请各厂负责同志研究一下那些权力可以下放，需要什么条件，并于五月底报来。

# 18. 渔业用盐发售管理暂行办法

（1957年5月16日国务院批准

1957年6月25日水产部、食品工业部发布）

## 第一章　总　则

**第一条**　为促进渔业生产发展，加强渔业用盐的供应，并保证国家盐税收入，特制定本办法。

**第二条**　渔业用盐分为下列二种：

（一）海水渔盐：凡设在沿海的水产公司、鱼店（包括国营、地方国营、公私合营及私营）、渔业生产合作社及个体渔民出海捕捞海产鱼类、虾类、蟹类及贝介类等保鲜腌制用盐，与国营水产供销公司收购上述海产保鲜用盐，或在销区复制上述海产加工用盐，统称为海水渔盐。

（二）淡水渔盐：凡各省、自治区、直辖市的淡水渔区内所设立的国营水产供销公司所属腌制加工厂，或与水产供销公司订有加工订货合同的渔业生产合作社，及在销区内国营水产供销公司或其他兼营水产的单位，因保鲜或加工腌制鱼类、虾类、蟹类、贝介类等用盐，统称为淡水渔盐。

**第三条**　沿海个别地区的群众，虽非专业渔民，但在习惯上使用渔业用盐腌制上述海产品作为商品出售的，如因生活关系或市场需要有维持必要者，经省、自治区、直辖市人民委员会或同级的水产行政机关证明，同级盐务机关可比照第二条（一）项规定核准售给海水渔盐，并报中华人民共和国食品工业部盐务总局（以下简称盐务总局）备案。

**第四条** 渔业用盐的供应按中华人民共和国财政部关于减征盐税的规定办理。

**第五条** 渔业用盐由盐务总局根据中华人民共和国水产部核定的年度用盐计划供应。

各省、自治区、直辖市的盐务机关与水产行政机关及其委托代管机关，应根据前项计划用盐额，分别按照用盐单位制定的分季分月用盐计划，签订供销合同，保证执行，并分别上报盐务总局及水产部备查。

如因鱼产旺盛而水产部所核定的盐额不够供应时，各县级水产行政机关或其委托代管机关，可酌量核定追加用盐计划，商请同级盐务机关核准发售，并分别上报备查。

**第六条** 渔盐品质的好坏影响鱼类加工品的质量和人民健康，今后供销机关根据盐业生产情况，应以氯化钠含量高，镁、钙及其他杂质低的颗粒细小盐斤作为渔盐。

## 第二章 申请与登记

**第七条** 购用海水渔盐的单位或渔民，应依其经营业务性质，填写盐务机关统一规定的海水渔盐申请书（附式一）[1]，连同渔业登记证件（没有渔业登记证件的，可用渔业团体或当地人民委员会的证明文件），向当地或附近的水产行政机关，或其委托代管机关申请登记。经审核相符并编号盖印后发还购盐单位或渔民。

**第八条** 购盐单位或渔民持已登记的渔盐申请书，向附近盐务机关领取购盐证（附式二）[2]限当年有效。

当地盐务机关和水产行政机关或其委托代管机关在核发渔盐申请书及购盐证后，即行逐级上报，以便掌握渔盐计划和供应情况。

**第九条** 淡水渔盐根据水产部核定计划发售，不再另行登记，

---

① 海水渔盐申请书格式从略。

② 渔业用盐购盐证格式从略。

也不发购盐证。

## 第三章　发　售

**第十条**　渔业用盐的供应，分为“就场发售”与“销区发售”两种。

为了便于海水渔盐的供应，在没有盐务机关的地区，水产行政机关可以根据实际需要，商请盐务机关在渔汛季节设立渔盐供应站。

**第十一条**　渔业用盐供应单位凭渔业用盐购盐证发售海水渔盐，凭县级以上水产行政机关或其委托代管机关证明文件发售淡水渔盐；并填写税票或发票交购盐人收执。如需转运，应在原票上注明转运地点及有效期限。税票或发票应随盐护运，不得与盐分离。

**第十二条**　渔船所装渔盐数量，不得超过渔业用盐购盐证及税票或发票记载数量。

## 第四章　管　理

**第十三条**　在渔汛期间出海生产的渔船，其所带渔盐，如因故必须卸岸时，应报告当地盐务机关验查；如当地没有盐务机关，则报告当地水产行政机关或人民委员会验查。

**第十四条**　渔船在邻海捕鱼，原来携带的渔业用盐不足必须添购时，可持渔业用盐购盐证向所在地盐务机关说明理由请求添购，邻区的盐务机关应准予添购，并通知原发证机关查核。

**第十五条**　凡与国营水产供销公司订有加工订货合同的渔业生产合作社等，购到淡水渔盐后，应按照合同规定交齐加工成品，如不能交齐成品时，水产行政机关及其委托代管机关可以停发下一批应配盐额的证明文件。但因鱼产先淡后旺，丰欠不匀，或因自然气候变化等影响，不能交齐成品时，应按实际情况办理。

关于淡水渔盐的使用，县级以上水产行政机关可以根据需要另拟具体办法，报上级批准执行。

**第十六条**　海水渔盐一般应在渔汛期间发售，渔汛过后，不再补售；淡水渔盐按原定用盐期限发售，如无特殊原因并经水产行政机关证明，逾期不再补售。

渔汛过后，已购未用的渔盐，应报请盐务机关验明封存，原则上留作下届渔汛使用（如当地没有盐务机关，即报当地水产行政机关或人民委员会验明封存）。如经水产行政机关或其委托代管机关同意，可由水产品加工单位收购作加工腌制之用；或经盐务机关核准后，按食盐牌价补缴差额改作食盐。

**第十七条** 对于渔业用盐，盐务机关应会同水产行政机关根据各地不同情况规定用盐定额，并建立核配核销制度。

**第十八条** 腌鱼剩下的鱼卤及乏盐，应尽量用于加工腌制，一般禁止出售。但有下列情况之一者，应分别处理：

（一）个别地区群众有食用鱼卤习惯，或将鱼卤用作农田肥料的，经当地人民委员会证明，盐务机关可按当地习惯准许食用，但禁止复制成盐或高价出售图利；

（二）乏盐过多必须出售时，经当地水产行政机关或其委托代管机关证明，向盐务机关缴纳乏盐税后，可交由供销合作社代售。鱼卤及乏盐的价格，应由省级盐务机关及水产行政机关会同商定，并征得同级人民委员会同意后执行。

**第十九条** 购盐人对于渔业用盐，应负责保证按本办法的规定使用，禁止出售、转让或改为食盐自用。

**第二十条** 渔业用盐应由盐务机关、水产行政机关及各该委托代管机关共同监督使用；各地盐务机关及其委托代管机关，均负有检查的责任。

**第二十一条** 违反本办法各项规定者，盐务机关可依据情节轻重，分别给以教育纠正，或按私盐处理。

## 第五章 附 则

**第二十二条** 各省、自治区、直辖市盐务机关可根据本办法结合当地具体情况，制定实施细则，报盐务总局批准后施行。

**第二十三条** 本办法经国务院批准后施行，原有的“渔业用盐发售规则”“淡水渔业用盐临时配售管理办法”及“淡水渔业用盐临时配售管理办法施行细则”同时废止。

# 19.橡胶业汽油中毒预防暂行办法

（1957年8月9日卫生部、劳动部发布）

**第一条**　为了防止橡胶业汽油中毒的发生，保护工人健康。提高劳动效率，特制定本办法。

**第二条**　本办法适用于以汽油作为溶剂的制造橡胶制品的工业企业。

**第三条**　溶解橡胶用的汽油，其规格应符合：不饱和烃含量不应超过2%；芳香族烃含量不应超过3%；初馏点不应低于摄氏80度；不应含有四乙基铅和硫化物。

**第四条**　橡胶业接触汽油的作业环境空气中汽油蒸汽含量不应超过0.3毫克/升。

**第五条**　蒸发汽油蒸汽的车间，每名工人应保持适当的作业面积，避免拥挤，车间内应安装全面通风设备；接触汽油的工序应安装局部通风设备；根据条件并应安装汽油回收装置；对这些设备应加强检修和管理。

**第六条**　配制和使用胶浆的操作，应与其他工序隔开，并尽量做到机械操作和密闭生产，改善生产工具和劳动组织，以尽量减少汽油蒸汽的蒸发和接触。

**第七条**　涂胶浆后的成品和半成品，不应放在车间内干燥，如因特殊原因，必须放在车间内干燥时，应集中隔离堆放，并在堆放地点安装吸气和密闭设备。

**第八条**　接触汽油和胶浆的工人，应由企业行政供给工作服和口罩（必要时发给活性炭口罩）等个人防护用品并建立经常的洗濯和检修制度。

**第九条** 企业行政应为经常接触汽油和胶浆的工人设置洗手设备和沐浴设备，供给洗脸肥皂和毛巾，并建立个人卫生制度。

**第十条** 在蒸发汽油油蒸汽的车间里，禁止就食和存放衣物，工作服和便服应分别存放。

**第十一条** 对直接从事接触汽油作业的工人应进行就业时的健康检查，患有神经系统疾病、心脏血管疾病、血液系统疾病和肝、肾疾病的患者，不得从事接触汽油的工作。对现职工人每年应进行一次定期健康检查，以便早期发现中毒患者，及时处理。

**第十二条** 各企业或其主管部门可根据本办法结合本单位具体情况制定实施细则。

**第十三条** 本办法由中华人民共和国卫生部、劳动部联合发布，自发布日起实行。

# 20.国务院关于改进工业管理体制的规定

（1957年11月14日全国人民代表大会常务委员会第八十四次会议批准
1957年11月15日国务院公布　自1958年起施行）

我国是社会主义的国家，我国的建设是有计划的建设，全国各地区各企业的生产和建设工作都必须服从国家的统一计划，决不可以违反国家的统一计划。我们现行的工业管理体制基本上是符合这种要求的。但是，从目前情况看来，现行工业管理体制存在着两个主要的缺点：一个是有些企业适宜于交给地方管理的，现在还由中央工业部门直接管理；同时地方行政机关对于工业管理中的物资分配、财务管理、人事管理等等方面的职权太小。另一个是企业主管人员对于本企业的管理权限太小，工业行政部门对于企业中的业务管得过多。这两个主要缺点限制了地方行政机关和企业主管人员在工作方面的主动性和积极性。在国家的统一计划以内，给地方政府和企业以一定程度的因地制宜的权力，是完全必要的。这种国家统一计划范围内的地方政府和企业的一定程度的机动权力，正是为了因地制宜地完成国家的统一计划，这是国家统一计划所必需的。为了适当地扩大地方政府在工业管理方面的权限和企业主管人员对企业内部的管理权限，国务院现作下列的规定。

## 第一、适当扩大省、自治区、直辖市管理工业的权限

一、调整现有企业的隶属关系，把目前由中央直接管理的一部分企业，下放给省、自治区、直辖市领导，作为地方企业。

现在属于轻工业部和食品工业部的企业，除了若干企业必须由中央管理的以外，大部分企业都下放给省、自治区、直辖市管理。

纺织工业先下放一小部分，以后根据具体情况，再定大部分下放的步骤。

重工业各部门所属的企业，凡是属于大型矿山、大型冶金企业、大型化工企业、重要煤炭基地、大电力网、大电站、石油采炼企业、大型和精密的机器、电机和仪表工厂、军事工业以及其他技术复杂的工业，仍旧归中央各工业部门管理。除此以外，其他工厂凡属可以下放的，都应该根据情况，逐步下放。

森林工业部所属的企业，除个别单位需要由部直接管理的以外，其余全部下放。

交通部管理的一部分港口和企业下放。

建筑企业中的土建部分，在许多地区应该逐步下放，由地方统一管理。

中央各有关的工业、交通部门，应该根据上述原则，同地方政府协商，提出下放企业的名单，报告国务院批准以后，实行下放。

一切仍归中央各部管辖的企业，都实行以中央各部为主的中央和地方的双重领导，加强地方对中央各部所属企业的领导和监督。

**二、增加各省、自治区、直辖市人民委员会在物资分配方面的权限。**

中央各部所属企业、地方所属企业（包括地方所属的公私合营企业）和商业系统这三个方面所需要的物资，不论是国家经济委员会所管的全国统一分配的物资（以下简称统配物资）或者是中央各部所管的统一分配物资（以下简称部管物资），仍旧各按原来系统申请和分配。地方国营、地方公私合营企业所需要的物资由省、自治区、直辖市统一申请和分配。但是，省、自治区、直辖市人民委员会，对于在省、自治区、直辖市范围以内的中央企业、地方企业和地方商业机关为本企业生产经营所申请分配的物资，在保证完成国家计划的条件下，有权根据当地的情况和需要的缓急，在各个企业之间进行数量、品种和使用时间方面的调剂；各个系统的企业，都要服从这种调剂。

中央各部所有的供应全国需要的物资，不论是存放在某地企业内的或者是仓库中的，当地省、自治区、直辖市一般不能调动使用。如果当地政府要求调用，必须取得中央主管部门的同意。军用产品所用的特殊原材料，地方政府要求调用的时候，也必须取得中央主管部门的同意。

省、自治区、直辖市管理的企业所生产的统配物资和部管物资，如果生产数量超过了国家计划规定数量，超过计划的部分，当地政府可以按照一定比例提成，自行支配使用，但是原定的品种计划不能改变。中央各部所属企业的超过计划的产品，除了中央指定的少数企业和少数产品品种以外，地方政府也可以按照中央批准的比例分成。

各省、自治区、直辖市要求中央各部所属机械制造企业超额生产时，为了避免盲目增产，其超额生产的品种，如果属于国家经济委员会统一分配或者在部管范围内的，需要得到中央各有关机械工业部门的同意。

**三、**原来属于中央各部管理现在下放给地方政府管理的企业，全部利润的百分之二十归地方所得，百分之八十归中央所得。

凡是属于第二机械工业部、邮电部、铁道部、对外贸易部外销部分和民航局等部门的企业和大型矿山、大型冶金、大型化工、大型煤矿、大电力网、石油采炼、大型机器和电机的制造等企业以及长江、沿海跨省经营的航运企业，地方政府不参与利润分成；除此以外，所有仍旧属于中央各部管理的其他企业，例如纺织企业，地方政府也可以分得全部利润的百分之二十。

所有地方政府参与利润分成的企业，上述规定的二八分成的比例，三年不变。

凡是属于原来由地方管理的企业，其全部利润，仍旧归地方政府所得。

**四、**在人事管理方面，增加地方的管理权限。凡是属于中央各部下放给地方政府管理的企业，在人事管理方面，都按照地方企业办理。各省、自治区、直辖市对仍归中央各部管辖的企业的所有干部，在不削弱主要厂矿的条件下，可以进行适当的调整。但是，国务院管理范围的干部，地方要求调动的时候，应该报请国务院批准。各主管工业部门管理范围的干部，地方调动的时候，应该同主管部门协商。在调动干部尤其是调动高级技术人员的时候，应该注意干部原来的专业，照顾到某些干部在他的工作岗位上要有一定期间的稳定性。

中央各部所属的企业和分驻各地的管理机构，有关编制定员工作，应该受当地人民委员会的领导和监督。

## 第二、适当扩大企事业主管人员对企业内部的管理权限

一、在计划管理方面减少指令性的指标，扩大企业主管人员对计划管理的职责。

在生产计划方面，原来由国务院规定的非经国务院批准不得改变的指令性的指标共有十二个，即：总产值、主要产品产量、新种类产品试制、重要的技术经济定额、成本降低率、成本降低额、职工总数、年底工人到达数、工资总额、平均工资、劳动生产率、利润。现在把国务院指令性的指标减为四个，即：（一）主要产品产量，（二）职工总数，（三）工资总额，（四）利润。其余八个指标，在一般情况下，都作为非指令性的指标。这些非指令性的指标，在下达计划和上报计划的时候，仍旧和四个指令性指标一样，全部列入计划，作为计算根据，但是，企业在执行中可以依据实际情况进行修改。对于非指令性指标的修改以后的方案，应该报告有关部、局备案。

除了国务院规定的四个指令性的指标以外，各工业部可以根据企业的特殊需要，增加个别指令性的指标，例如新种类产品试制、重要技术经济定额、成本降低率等等。各省、自治区、直辖市人民委员会也可以根据当地需要，对自己所属企业增加个别指令性的指标，例如规定在省、自治区、直辖市范围内平衡的某种产品的产量。

在基本建设计划方面，国务院1957年规定的指令性指标是四个，

即：（一）总投资额，（二）限额以上项目，（三）动用生产能力，（四）建筑安装工作量。今后仍旧按照这四个指令性指标执行。建筑安装部门的劳动工资指标，仍旧按照过去规定办理。各省、自治区、直辖市对于地方基本建设投资的使用，在保证完成上述指令性指标的条件下，在国务院核定的地方投资总额以内，可以对建设项目、建议进度等等方面进行调剂。

国家计划只规定年度计划。关于季度、月度计划，那些企业应该由主管的部、局规定，那些企业应该由企业自行制定，都由各主管部门根据具体情况，作出决定。

简化计划编制程序。由现行的两次下达、两次上报的编制过程改为两次下达、一次上报，就是先由上而下的颁发控制数字，然后由下而上的编制计划草案，最后由上而下的下达计划。年度计划力求在年前十一月份大致确定，计划下达以后，一般不再修改。坚决精简现行表报。

二、国家和企业实行利润分成，改进企业的财务管理制度。

企业的利润，由国家和企业实行全额分成。分成的基数根据各工业部门第一个五年计划期间领取的四项费用（技术组织措施费用、新种类产品试制费用、劳动保护费用、零星购置费用），加上企业奖励基金，再加上百分之四十的超计划利润，把各部所领取的这三笔收入与工业部门在同一时期所实现的全部上缴利润，以部为单位，分别算出比例。例如，各工业部所领取的三笔收入共占各该工业部上缴利润的百分之几，就把这个比例分别作为各工业部的固定分成比例。以后年度预算中，国家不再拨付四项费用和企业奖励基金，所有这些费用，统由利润固定分成中解决。分成比例确定以后，三年不变。每年根据实现的利润，计算分成数额。各工业部对于所属企业根据上述原则和具体情况，分别确定各个不同的分成比例，实现国家和企业在利润方面的分成。但是，各工业部可以在自己直属各企业的全部分成所得中集中一部分作为企业间调剂之用。各省、自治区、直辖市的工业管理部门也可以在它直属企业（包括中央下放企业）所得的利润分成中，抽出一部分，作为当地各企业间调剂之用。

国防企业中新种类产品试制费用，以及其他企业的特殊重要的新种类产品的试制费用，如果超过本企业负担能力，由主管部门另行拨付。

因为公私合营企业过去对四项费用、企业奖励基金、超计划利润分成等等没有象国营企业那样的规定，而且公私合营企业中以中小型企业为多，因此在实行企业的利润分成的时候，应该对公私合营企业的分成基数和分成办法，进行专门研究，定出适宜的办法。

企业在使用分成所得的时候，必须把其中的大部分用于生产事业方面，同时，适当地照顾到职工福利方面。

取消现行的某些不合理的规定，例如大修理不准“变形”、“增值”等规定。企业的事业费在保证完成计划的条件下，可以由企业在事业费总额内的项目之间调剂使用。企业的固定资产在上级规定的权限内，可以由企业增减或者报废。

**三、**改进企业的人事管理制度，除企业主管负责人员（厂长、副厂长、经理、副经理等）、主要技术人员以外，其他一切职工均由企业负责管理。

企业有权在不增加职工总数的条件下，自行调整机构和人员。

## 21.国务院关于实行企业利润留成制度的几项规定

（1958年5月22日）

为了充分发挥企业的主动性和积极性，鼓励企业努力增产节约，加强经济核算，改善财务管理，根据国务院关于改进工业管理体制的规定和国务院关于改进商业管理体制的规定中的有关原则，确定中央经济各部（以下简称各部）所属企业实行利润留成制度，将企业实现的利润，按照一定的比例留给企业，由企业在规定的范围内，自行安排使用。现在就利润留成比例和留成所得的使用范围等有关问题，具体规定如下：

一、企业留成比例，以主管部为单位计算确定。留成比例确定以后，基本上五年不变。主管部可以在本部企业留成所得总数的范围内，根据各个企业的具体情况，分别确定它们的留成比例；并且可以酌量提取一部分，由部集中掌握，调剂使用。

二、企业留成比例以第一个五年计划期间各部所使用的下列资金作为计算基数：（一）预算拨付的技术组织措施费、新种类产品试制费、劳动安全保护费、零星固定资产购置费等四项费用（商业部门还包括简易仓棚修建费）；（二）按规定提取的企业奖励基金和社会主义竞赛奖金；（三）按规定提取的超计划利润留成部分。将以上几笔数字加在一起，同各部在同一时期内所实现的利润总数作比较，分别算出一定的比例。这个比例就是今后各部应有的企业留成比例。

各部所属的公私合营企业，由于合营的时间先后不一，所以在计算留成比例的时候，一律以1957年一年的数字为基数。

三、企业留成所得应当根据大部分用于生产，同时适当照顾职工福利的原则，在下列范围以内统筹使用：

（一）用于企业所需要的四项费用和简易仓棚的开支；

（二）用于补充流动资金的不足和计划以内的基本建设投资的不足；

（三）用于其他经过批准的基本建设项目的投资；

（四）用于社会主义竞赛奖金和其他各种不包括在工资总额以内的奖金的支出；

（五）用于职工福利设施和职工生活困难补助的支出。

企业留成所得用于以上（四）（五）两部分的数字，合计不得超过各该企业职工工资总额的5%。企业留成所得一概不许用于企业和行政的管理费用及其他非生产性开支。

**四、**企业留成资金的管理和监督，按下列规定办理：

（一）企业留成所得归部和企业自行安排使用；但是部和企业应当编造企业留成收支计划，并且由部汇总报财政部，列入国家预算。

（二）企业留成所得当年使用不完的部分，可以结转到下年度继续使用。

（三）各部和各企业的留成款项，可以根据确定的留成比例，按月预留，年度终了，再根据各部的实际利润数字进行清算，长退短补。

（四）企业完不成国家规定的指令性指标的时候，应当根据具体情况减低留成的比例，并且相应地减少职工福利方面的支出，具体办法由各部规定。

（五）企业留成所得中用于职工福利和各种奖金的部分，其使用计划和年终决算，应当经过职工代表大会或者其他相当的会议讨论通过。

（六）企业留成所得中用于基本建设的款项，应当交由中国人民建设银行监督拨付。基本建设工程项目投入生产以后，应当转作企业的固定资产，照提折旧基金。

**五、**由于国家对价格和税率作了较大的调整，或者由于重大的自然灾害等客观因素的影响，使企业利润有显著增加或者显著减少的时候，国家可以对原定的企业利润留成比例进行适当的调整。但是，利润增减的幅度，以部为单位计算不超过原计划5%的，不予调整。国家在原则上保证各部留成所得不低于上年实际所得的数额。

六、下列两部因为情况特殊，所属企业的留成按照下列的变通办法办理：

（一）第二机械工业部所属企业，新种类产品试制费较大，而利润较小，因此，在计算该部留成比例基数的时候，不包括新种类产品试制费，它们所需要的新种类产品试制费，由财政部另行拨款解决。

（二）建筑工程部所属企业，由于在施工当中可以节约出一部分资金，除了解决窝工费用以外，还可以用来解决四项费用、职工福利和奖金等项支出，所以，不需要实行利润留成，该部按工程造价所提取的利润全部上缴国家预算。

七、地方国营企业和地方所属的公私合营企业是否实行和如何实行企业利润留成制度，由各省、自治区、直辖市人民委员会决定。

八、本规定自1958年开始实行。过去颁发的提用企业奖励基金的规定、超计划利润分成和使用的规定，和其他同本规定相抵触的办法，在实行本规定以后，即不再适用。实行利润留成制度的企业，今后凡是应当用留成资金解决的支出，不得再以任何名义列入生产成本或者在企业“营业外损失”项下开支。

# 22.化学工业部关于基本建设工程技术管理的八项暂行规定

（1959年7月7日）

## （一）技术组织措施规划

1.为了有计划地推行建筑安装最新施工技术和先进施工管理经验，不断地提高施工单位的技术水平和管理水平，以期保证多、快、好、省地完成国家建设任务，各施工单位（自营施工的建设单位）必须通过编制年度技术组织措施规划，对本单位的技术、组织工作进行全面规划。

2.技术组织措施规划必须由各单位领导亲自动手，并采取领导、技术人员和工人三结合的方式，针对建设任务的特点和本单位的实际情况进行编制。制定的措施项目应符合敢想、敢说、敢做和实事求是相结合的精神。

3.技术组织措施规划的内容一般应包括下列各项：

（1）组织机构的措施；

（2）改善劳动组织和加强技术训练的措施；

（3）推广新技术的措施；

（4）改革工具和革新操作技术的措施；

（5）提高施工机械化和工厂化程度的措施；

（6）节约原材料的措施；

（7）加快建设进度的措施；

（8）保证工程质量和安全施工的措施；

（9）改善经营管理的措施；

（10）主要材料节约指标、劳动生产效率指标等。

4.技术组织措施规划由本单位领导批准后，应报送上一级机关和化学工业部备案。

5.各单位应按年、按季制定措施规划的执行计划（包括措施项目的实现进度和具体负责人）；各单位领导应督促和组织主管措施规划的部门和有关配合部门定期检查执行情况，并在年度终了时做出总结。

## （二）施工组织设计

1.为了对建设工程进行通盘安排和作好施工准备，以达到多、快、好、省地完成工程任务的目的，各施工单位（自营施工的建设单位）在施工之前必须编好施工组织设计。

2.施工组织设计必须采取上下结合的方式进行编制，即是由工程技术部门组织，以直接参加施工的干部、技术人员和老工人为主，吸取有关人员参加编制，并邀请建设单位和设计部门参加讨论，以求切合实际。

3.施工组织设计的内容一般应包括：

（1）施工总合进度计划；

（2）主要施工方法；

（3）施工总平面图；

（4）主要物资和劳动力需要量及供应进度；

（5）大型临时工程（包括附属生产企业及施工用电、用水）；

（6）施工准备工作计划。

施工组织设计分为全厂性和局部性（如单位工程、特殊构筑物、重要设备等）的两种，其内容按照工程的繁简程度该详则详，该简则简。对于规模较小，技术简单的工程，可以编制简略的施工规划。

4.限额以上项目的全厂性施工组织设计以及重要工程（或经化学工业部指定的工程）的局部性施工组织设计，经本单位领导批准后报送上一级机关和化学工业部备案；限额以下项目的施工组织设计经本单位领导批准后不再上报。

5.批准的施工组织设计，各单位必须认真贯彻执行；如必要变动时，应经各级有关技术负责人批准后，方准进行修改。

## （三）保证安全施工

1.为了保障职工的安全和健康，各施工单位（自营施工的建设单位）必须建立专业安全机构，认真贯彻保证安全施工的制度和规程。

2.专业安全机构负责进行安全施工的宣传教育，安全工作的检查，事故的统计报告和调查处理。此外，还要深入检查和建议采用保证安全施工的具体措施，以预防事故的发生。

3.各单位必须建立和健全各级的安全责任制；各单位应有一位经理（厂长、主任、队长等）具体领导安全工作；安全检查员应负责检查和督促安全工作和活动的开展。

4.各单位应经常向职工进行安全教育，组织职工学习安全制度和规程。未经学习并考试合格的新工人，一律不得参加施工。对于起重、焊接、爆破、防水、混凝土等特殊工种工人和工长，要组织安全训练和定期测验。

5.应重视工人的劳动保护，按国家规定设置劳动保护用品、用具，注意环境卫生，以防止工人受伤、中暑、中毒、患职业病等。

6.必须严格监督动火、防火和挖土（有地下电缆时）制度的贯彻执行，并协助消防部门做好有关预防工作。

7.在扩建工程时边生产、边基建的情况下，应更加注意安全工作，严格执行有关的安全规章。

8.各单位应发动群众开展定期的安全卫生大检查；对于安全施工的执行结果要定期进行评比奖励和批评，并严肃处理安全事故。

## （四）施工总平面管理

1.为了在建设期间有条不紊地进行施工，以保证施工文明和现场秩序，在建设过程中各施工单位必须进行施工总平面的管理。

2.已批准的施工组织设计中的施工总平面图，就是施工总平面管理工作的依据。

3.凡在施工区域内修建（拆除）永久性或临时性工程，设立测量标志、改变地形或设置障碍物、堆放材料（设备）等有关施工平面布置的事宜，均属于施工总平面管理范围之内。

4.参加建设的各部门在没有办理申请批准手续之前，不得进行第三条所述各项属于施工总平面管理范围内的事宜。

## （五）图纸审查和交底

1.施工单位（自营施工的建设单位）必须组织有关施工人员学习和审查设计图纸，以求充分领会设计要求及时发现和纠正设计错误。

2.图纸审查分为自审和会审，先由各施工部门自行审查有关的图纸，然后由负责土建工程的施工部门（大包单位）组织图纸的会审。不论自审或会审，均应通知设计单位和建设单位派人参加，并应有图纸审查记录。

3.一般的图纸错误（如明显的尺寸或位置错误等）经施工单位的总工程师（主管工程师）批准后即可进行修正；有关工程结构、生产工艺以及涉及面广的图纸错误，应经过建设单位和设计单位的同意后，方能进行修改。

4.设计单位在交付图纸后，应将设计意图、生产工艺和质量要求向施工单位交底。

5.施工单位的各级技术负责人在施工前应按工程的重要性和技术复杂程度分级向参加施工的工人和技术人员作好技术交底。

## （六）工程质量责任制

1.为了加强职工对保证工程质量的责任感，一切建设单位和施工单位都必须建立工程质量责任制。

2.各级领导（经理或厂长、主任或队长、工段长）应按级负责领导保证工程质量的工作和活动。正职的领导干部（正经理、正厂长等）应对本部门工程质量负有全面的领导责任，而一位副职的领导干部专门负责具体的领导责任。

3.施工单位（建设单位）一般可设质量检查（监督）科；基层施工单位（工地、队）一般可设质量检查组（员）；施工小组内可设不脱产的自检检查员。各级质量检查组织应协助各级领导做好保证质量的工作；各级组织在行政上一般归施工单位（建设单位）领导，在业务上受上级专业机构领导。

4.实行“谁施工，谁对质量负责到底”的制度。为了贯彻好这项制度，除了必须做好思想工作外，还应积极推行质量挂牌（打印）、质量合格证、工程档案等制度。

5.施工人员应在施工过程中和工序交接中做好自检工作。质量检查人员应推动、协助和监督这项工作。

6.完工后必须执行工程验收和质量评定的制度。质量等级可按“优”“良”“可”“劣”四级划分。凡一般工程评为“劣”者，或重要工程评为“可”者，必须返工或补强。

7.各单位要定期对基层施工单位和施工人员（检查人员）的保证质量工作进行总结、评比和奖励。对质量事故和事故责任者，必须按照情节作出严肃处理。

### （七）工程质量的检查

1.为了确保工程质量，各施工单位和建设单位必须建立专业质量检查机构（施工单位和建设单位共同成立联合质量检查机构），并在质量检查工作中认真贯彻群众性自检和专业检查相结合的方针。

2.专业检查机构应对材料、半成品和成品的合格证进行复核，根据现行规程、规范和设计要求检查工程质量、特殊工种工人的考试合格证，推动和监督群众性自检工作，检查各项保证质量的具体措施，以期预防质量事故的发生。

3.隐蔽工程必须经检查合格并填写验收记录后，方准进行下一工序的施工。重要工程部位或重要设备安装，都应作好质量检查记录。

4.各单位应认真推行质量事故统计制度和重大事故报告制度。

5.各单位应经常向职工进行质量思想教育，并定期开展群众性的质量大检查。

## （八）技术检验和试验

1.为了确保建筑安装材料、半成品和成品合乎质量要求，各施工单位（自营施工的建设单位）应设立技术检验机构（专业试验室），认真进行技术检验工作。

2.凡使用在重要工程部位（重要设备）上的原材料，不论有无出厂证明文件，一律要经过检验合格后方准使用。

3.半成品和成品在出厂前应进行质量检验，合格的半成品和成品应开具质量合格证；具有质量证明文件的外单位产品应进行重点复验。达到现场的已有证明的半成品和成品，在使用前应检查其在运输过程和堆存过程中有无受损。

4.易于变质的材料，如水泥、耐火材料、电焊条等等，不能单凭原始质量合格证而评判其质量，应根据材料特性进行定期的质量检验。

5.凡采用本单位尚未掌握的新技术和新产品（如新型结构、先进操作方法、施工方法等），必须经过试验（试制）并得出正确的结论后，方能正式采用或进行推广。

# 23. 农业部、化学工业部、卫生部、劳动部、第一机械工业部、商业部、铁道部、公安部关于爆炸物品管理规则的补充规定（草案）

（1959年9月7日发布试行）

根据目前爆炸物品生产、运输和使用中的情况和问题，对于“爆炸物品管理规则”作如下补充规定：

## （一）关于爆炸物品的生产

（1）生产爆炸物品的工厂、作坊，不得设立在城镇、市区和居民聚居的地方，并且应当和周围的建筑设施、交通要道、输电线路等保持一定的安全距离。原有工厂、作坊不合规定的，必须加以调整。

（2）工房的建筑，必须符合安全要求，并根据所生产爆炸物品的种类和性能，设置相应的通风、降温、防潮、防火、防爆、避雷等安全设备。易于发生危险的各个生产工序之间，必须保持一定的距离。

（3）生产爆炸物品的工厂、作坊，必须制订周密的安全技术操作规程和安全管理制度。对拌药、碾药、烘药、晾药等特别容易发生危险的生产过程，更应作出严格的规定，认真贯彻执行。

（4）生产车间内不得存放成品，必须随时运到专用仓库或储存室存放。

（5）生产爆炸物品的工厂、作坊，必须按照工业部门核定的配方，保证爆炸物品的质量合乎规格。不合规格的产品，不准销售。对产品必须建立严格的检查验收制度。

氯酸盐类混合炸药，除经有关单位和公安机关共同批准，生产小量用作起爆药和烟火剂外，严格禁止生产。

（6）生产的爆炸物品，必须采取确保安全的包装规格，粘贴明显的标志。打包应当在专门的工房内进行，生产车间不得作为发货的场所。

（7）试验或试制炸药，必须在专门试验室或一定的厂房、场所进行，并建立严格的安全制度，严禁在生产车间或仓库、储存室内进行试验。

（8）试制成功的新产品，必须经省、市工业领导部门鉴定核准，并经当地市、县公安机关审查同意，才能正式生产。

（9）小型火药厂、坊的设置地点和生产设备，必须符合安全要求并经当地市、县公安机关批准；原有的小型火药厂、坊应当根据当地情况，进行整顿，适当合并，并积极改善生产设备，建立、健全相应的安全管理制度和技术操作规程，未经公安机关批准的，应当补办手续。

（10）参加爆炸物品生产的职工，必须政治可靠、熟悉生产技术知识和操作规程。新录用的人员，必须在参加生产前进行必要的技术训练和安全教育。

## （二）关于爆炸物品的储存保管

（1）爆炸物品必须存放在专用的仓库中，不得随意乱放。

（2）爆炸物品仓库禁止设立在城镇、市区和居民聚居的地方，并且应当和周围建筑、交通要道、输电线路等保持一定的安全距离。原有仓库不合规定的，必须调整。

爆炸物品仓库的建筑，必须符合安全要求，并应根据所存爆炸物品的性能和数量，设置必要的安全设备。

爆炸物品仓库的四周，必须加设土堤，土堤内禁止积存杂草、枯树等可燃物品。

（3）爆炸物品仓库，不得同时存放性质相抵触的爆炸物品和其它物品，并不得超过规定的储存数量。

（4）爆炸物品仓库，必须建立定期的检查制度，对变质、过期的炸药，必须及时进行处理，需要销毁的炸药，必须选择安全的地点，由有经验的专人负责指导，及时销毁。

（5）管理爆炸物品仓库，必须由政治绝对可靠、工作认真负责、并熟悉爆炸物品知识的专人担任。

（6）爆炸物品仓库，必须建立严格的安全管理制度，禁止使用油灯、蜡烛和其它明火照明。不准把火种、易燃物品和铁器等容易引起爆炸的物品带入仓库。严禁在爆炸物品仓库内住宿、开会或加工火药，并禁止无关人员进入仓库。收存和发出爆炸物品，必须建立严格的收发、登记制度。

（7）使用爆炸物品的工地，临时存放爆炸物品时，不得超过规定的限量，并要选择安全可靠的地方单独存放，指定专人看管，严禁任意放置在工棚和施工现场。

## （三）关于爆炸物品的运输

（1）运输爆炸物品，必须包装牢固、严密，使用合乎安全要求的运输工具。禁止使用木炭汽车、火车的敞车和脚踏车载运爆炸物品。

性质相抵触的爆炸物品不准混装在同一车厢、船舱内。装有爆炸物品的车厢、船舱和其它运输工具内，不准同时载运旅客和其它易燃、易爆物品。火车载运爆炸物品，应当遵守铁道部的有关规定。

绝对禁止随身携带爆炸物品的人员，搭乘公共汽车、电车、火车和客轮。

（2）使用汽车、马车、人力车或者人力运输爆炸物品时，前后应当保持一定的距离，遇到人烟稠密的集镇，应当绕道经过；必须通过时，应事先通知当地公安机关，共同采取相应的安全措施，确保安全。

（3）运输爆炸物品在途中停歇时，要远离建筑设施和居民居住的地方，指定专人看管，并严禁在爆炸物品附近吸烟和用火。

（4）装卸爆炸物品，要有专门人员负责组织和指导安全操作，装卸人员必须懂得爆炸物品常识，不懂安全知识的人，必须事先经过教育。禁止儿童装卸爆炸物品。

装卸爆炸物品，应当尽量在白天进行，如果必须在夜间装卸时，要有充分的安全照明设备。

装卸地点，应当设置警戒岗哨，禁止无关人员进入装卸现场。

车站、码头不得存放爆炸物品，必须随卸随运。

（5）运输爆炸物品应当视情况需要，派专人押运或者指定可靠人员负责运输。

## （四）关于爆炸物品的使用

（1）使用爆炸物品，必须建立和执行严格的安全技术操作规程和安全管理制度。

（2）使用爆炸物品，必须由政治可靠、工作认真负责和具有安全知识的人员担任。新参加的人员，必须事先经过训练。

（3）进行爆破之前，必须在危险区的边界，设置警戒岗哨，防止行人进入危险区。

（4）进行爆破时，必须统一指挥，事先发出信号，待现场职工全部进入安全地区之后，再行爆破；爆破后，应当由专人检查爆破结果，处理瞎炮和残药。

（5）使用爆炸物品，必须建立严格的领取、清退制度，随用随领，所领取爆炸物品的数量，不得超过当班的使用量，剩余的爆炸物品要及时退回。已经加工的起爆药包，必须单独存放。严禁个人自带、私存炸药、雷管。不得使用炸药任意炸鱼、炸兽或把炸药赠送私人。

## （五）关于爆炸物品安全管理工作的领导

（1）各有关部门，必须在党委和政府的统一领导下，密切协作，切实加强爆炸物品的安全管理工作，经常地向群众进行安全教育，加强对生产、保管、运输、使用人员的业务训练和经常性的技术指导。对发生的事故，必须认真严肃的追查处理。

（2）工业部门，应当加强对爆炸物品厂、坊的管理，督促他们制定安全技术操作规程和安全管理制度，经常检查执行情况，并认真审查、鉴定各种产品的规格和质量。

（3）商业部门，应当加强对销售爆炸物品单位的领导，督促他们严格执行爆炸物品安全管理规定，经常检查改进储存、销售爆炸物品的工作。

（4）铁道、交通运输部门，应当严格执行保证运输安全的有关规定，并监督、协助托运单位共同遵守。

（5）劳动部门对生产、使用爆炸物品单位的安全技术、工业卫生、劳动保护等工作，应当加强监督检查和协助指导。

（6）公安机关必须认真作好爆炸物品厂、库的保卫工作，严密防止和坚决打击反革命分子的破坏活动。并根据“爆炸物品管理规则”中关于厂、库设置和购买、运输手续等规定，严格监督检查有关单位执行情况。

（7）各省、市、自治区可根据“爆炸物品管理规则”和本补充规定，结合当地具体情况制订实施细则，公布施行。

# 24. 农业部、化学工业部、卫生部、劳动部、第一机械工业部、商业部、铁道部、公安部关于加强农药安全管理的规定（草案）

（1959年9月7日发布试行）

为了加强农药的管理，防止中毒事故和反革命、坏分子的破坏活动，确保广大群众生产、生活的安全，特作如下规定：

## （一）关于农药的生产

（1）生产化学农药的工厂、作坊，必须与饮用水源和群众居住的地方保持一定的距离。农村土农药厂、坊，亦应禁止在靠近食堂、饮用水源的地方建立。原有厂、坊不合安全要求的，应当加以调整或采取确保安全的措施加以改善。

新建化学农药厂、坊地址的勘定，必须经过有关化工部门的批准和当地市、县公安、卫生部门的审查同意。

（2）厂、坊建筑必须有适合所生产药物性能的防毒、防火等安全设备。生产化学农药的工厂、作坊，必须设有对毒气、废水、残渣的处理设备和采取相应的安全措施，确保工厂、作坊内外的安全。

（3）厂、坊和车间均须分别建立安全操作规程和安全管理制度，严禁无关人员随便进入。

生产的农药，必须随生产、随入库，产品不得存放在生产车间内，并严禁乱放和任意取用。

（4）各生产农药的厂、坊，所供应的各种化学农药（包括土化学农药），必须包装牢固严密，附上醒目的特殊标志和关于药剂性能、用途以及安全保管、使用的详细说明书。

白砒、氟化钠以及其它无色无臭的农药，必须加染鲜明的颜色；成块的红砒应统一加工制成粉剂。

（5）厂、坊的职工必须政治可靠，熟悉生产技术知识和安全操作规程；新录用的人员，必须事先进行必要的技术训练。

## （二）关于农药的供应和运输

（1）各种化学农药，除666、滴滴涕可由基层供销门市部零星销售供卫生方面使用外，其它农药必须统一由生产资料供应部门负责专营，根据分配计划，直接调拨供应，不得在供销部门零星销售。

（2）各农药供应单位发售农药，必须按照使用单位的购买证明文件中注明的农药品种、数量供应。

（3）车厢、船舱或其它运输工具中，装载的农药要与乘客、食物、生活用品和易燃物品严加隔离。运输过程中必须建立严格的交接制度，防止丢失。人民公社运输农药时，必须指派政治可靠、责任心强的人专门负责押运，并注意安全装卸。

## （三）关于农药的保管

（1）储存农药、毒谷，必须设置专用的仓库或储藏室，严禁与粮食、饲料和生活用品混存一起。农药库、室必须禁止无关人员进入。

（2）存放农药、毒谷的仓库和储藏室，必须与食堂、粮库、饮用水源和牲畜栏圈保持一定的距离。库、室建筑必须坚固完好，门窗严紧，合乎防毒、防盗、防火的要求。

（3）必须指定政治绝对可靠、责任心强、具有安全管理农药知识的人员负责保管农药。

（4）收存和发出农药，必须建立严格的收发、登记、清点、检查制度。

（5）盛装剧毒农药的空瓶等容器，应由使用单位的农药保管员负责统一保管；由当地生产资料供应部门定期收缴处理。

## （四）关于农药的使用

（1）使用剧毒农药，必须选择政治可靠、身体健康和经过训练、具有安全使用剧毒农药知识的人员担任。使用一般农药，也要向使用的人员讲解安全知识。

（2）调配农药、浸拌毒谷，必须远离饮用水源、饲养室、养鱼池、菜园、瓜田、食堂、粮库以及食用物品；在休息换班时，要有专人看管，严禁无关人员接近。

（3）使用农药，必须建立严格的领发、回收制度。领用、调配农药、浸拌毒谷，应当根据实际需要，随用随领随调配，剩余的农药毒谷和药具，必须及时送回药库，集中保管。绝对禁止把剩余的毒谷和好粮混存，更要严格防止人、畜食用毒谷。

（4）调配、喷撒农药的人员，要严格按照安全操作规程进行操作；调配、喷撒剧毒农药，必须穿戴必要的防护装具，携带解毒药剂，工作结束后，必须彻底消毒。

（5）喷撒过农药的田地，在危险期间，应当设立明显的标志，防止人、畜入内，不准采集食用其中的瓜果、蔬菜。

（6）“1059”“西梅脱”等剧毒农药，不得用以防治蔬菜，茶，烟及桑树等农作物的害虫，果树在开花结果以后，也不能施用。

## （五）关于农药安全管理工作的领导

（1）各级农业、化工、商业、卫生、公安部门，必须在党委和政府统一领导下，密切协作，加强宣传教育，普及农药安全常识，动员广大群众作好农药的安全管理工作；因地制宜地制订具体的技术操作规程和安全管理制度，贯彻执行，并经常组织检查。

（2）各地农业部门，应认真作好农药的计划分配，加强对农业技术推广单位的领导，作好对保管、使用农药人员的业务训练和经常性的技术指导。

（3）各地化工部门，应加强对制造农药（特别是化学农药）工厂、作坊的领导，切实审查各厂、坊的建筑设计、产品规格，并检查督促安全技术操作规程的制订和执行。

（4）各地商业供应部门，必须认真执行调运、储存、出售农药过程中的安全管理制度，并结合销售工作，切实向购用人员进行防毒知识的宣传教育。

（5）各地卫生医疗部门，必须根据当地所用农药的种类和性能，提高农村医务人员的业务水平，储备必要的解毒药品，切实作好中毒抢救工作，并向广大群众普及预防和急救中毒的常识。

（6）各地公安机关，必须领导治安保卫委员会，切实做好食堂、幼儿园、饲养场等要害部位的保卫工作；认真加强对地、富、反、坏分子的监督控制；协同有关部门，及时追查、处理中毒事故，坚决打击反、坏分子的破坏活动。

（7）各省、市、自治区可根据本规定，结合当地具体情况，制订实施细则，公布施行。

## 25.财政部关于国营企业会计核算工作的若干规定

（1959年8月17日）

为了使国营企业的会计核算工作能够正确、及时、完整地反映企业的经济活动情况，进一步改善企业的经营管理，促进经济核算和保护国家财产的完整，更好地为生产服务，针对目前国营企业会计核算工作中所存在的一些主要问题，作如下规定：

一、会计凭证问题

企业办理现金收付、往来款项结算和物资收发等业务，都必须取得或者填制会计凭证。

会计凭证必须由经办人员和有关负责人员签名或者盖章。

会计人员对凭证的内容是否真实、完整，应当认真审查。

二、账簿问题

企业应当根据业务的繁简和管理的需要，设置必要的账簿，以便能及时、清晰、系统地反映企业的经济活动情况，不应当采取以凭证代替一切账簿等单纯追求简化的做法。

登记账目必须以会计凭证为根据。记账要力求及时，应当当日登记的账目，必须当日登记。

三、固定资产问题

企业的固定资产（包括用基本建设投资及企业基金购置和建筑的以及调入的）都必须入账，不应当有账外的固定资产。对于已经动用而价值尚未确定的固定资产应当估计入账，按照估价提取折旧。

固定资产的增加、减少和内部移转，都应当按照规定报经批准，并且通知财务会计部门记账。

**四、各种物资问题**

企业对于材料、低值易耗品、产成品、商品等各种物资，必须建立必要的验收、领发和退库制度，并且应当指定专人负责管理。

用基本建设资金购置的材料和用生产资金购置的材料必须严格划分清楚，分别保管，分账核算，不得互相流用。

用大修理基金或者四项费用（技术组织措施费、新种类产品试制费、劳动安全保护费、零星固定资产购置费）购置的材料，应当同生产所用的材料划分清楚，分账核算。有条件分别保管的，应分别保管；如果分别保管有困难的，可以一起保管，但是在使用时必须按照用途分别记账，不得将用于大修理和四项费用的材料计入生产成本。

各种库存物资都应当做到账面数字同实际数字相符，不得以借条抵充实际库存。

**五、库存现金和银行往来问题**

企业的库存现金和银行往来账目必须逐日登记，并且结出余额。库存现金的账面余额应当同实际库存数字逐日核对相符，不得以借条抵充实际库存。银行往来账目必须定期与银行核对清楚，至少每月核对一次。

库存现金和银行往来必须按照基本建设资金和生产资金严格划分清楚的原则，分别保管，分别核算，不得互相挪用。

**六、支票管理和往来款项清理问题**

企业应当按照银行规定对支票严格管理，不得签发空白支票。除了外埠采购专户的支票可以由指定的采购人员签发外，其余银行往来户的支票，一律不得由采购人员签发。

财务会计部门对于各种往来款项必须及时核对和清理，并且应当督促供应部门或者采购人员对领用的款项及时报账。

**七、财产清查问题**

企业对于固定资产和材料、在产品、产成品、商品等各项财产，都应当定期清查。平时可以根据具体情况轮流清查或者重点抽查；

在年度终了以前必须全面清查清楚。

在清查过程中，如果发现物资有损坏、盘盈、盘亏以及往来款项的账目不符或者拖欠不清时，应当切实查明原因，并且根据上级的规定分别处理。

八、会计报表问题

企业必须按月、按季、按年编制会计报表。会计报表的起讫日期应当同历年制的月度、季度、年度的起讫日期一致，不得提前结账。

企业会计报表应当根据账簿和其他有关资料编制，不得估计填列。资金平衡表（即过去的资产负债表）的资金运用合计数同资金来源合计数必须相等。

会计报表和表内指标的设置，以能反映企业经济活动的情况为原则，既不能过粗过简，又不能过多过繁。

各级主管企业部门和主管企业机构对所属企业和下级机构所报送的会计报表，以及各级财政部门对同级主管企业部门所报送的汇总会计报表都应当充分利用，并且按照规定及时审查批复，对报表中所反映的问题，应当及时研究解决。

九、会计交接问题

企业的财务会计人员和财产保管人员对保护国家财产负有重要责任。财务会计人员和财产保管人员离职时，都必须办清交接手续。

十、财务会计监督问题

企业财务会计人员应当在企业的统一领导和群众监督之下，负责做好财务会计监督工作。对于贪污、浪费、违反财政纪律及损害国家财产等行为，应当及时向领导反映，以便妥善处理。

中央各主管企业部门和各省、自治区、直辖市财政厅（局）可以根据本规定，结合具体情况作出必要的补充规定，以便贯彻执行，并将补充规定报送我部一份。

# 26. 国家计划委员会、财政部关于国营工业企业生产费用要素、产品成本项目和成本核算的几项规定

（1959年8月31日）

为了健全国营工业企业的成本管理制度，加强成本计划和成本核算工作，促进经济核算，便利增产节约运动的开展，特对国营工业企业生产费用要素和产品成本项目的内容，以及有关成本核算方面的若干问题，作如下几项规定：

## 一、生产费用要素及其内容

（一）为了正确地计划和核算工业企业全部生产活动过程中的生产费用、计算国民收入、控制及掌握工资基金、便利分项核定流动资金以及与固定资产和财务计划等相联系，工业企业编制生产费用预算和核算实际发生的生产费用，都应当按照“生产费用要素”进行分类。

（二）工业企业为进行工业生产、非工业性生产①和非独立核算的附属企业生产（如厂外运输等）所发生的一切生产费用，都应当按其性质，分为下列各“生产费用要素”：

1.原材料　指企业为进行生产而耗用的一切由厂外购进的原料及主要材料，在生产过程中所产生和回收的废料应当扣除计算。

2.辅助材料　指企业为进行生产而耗用的一切由厂外购进的辅助材料、包装物、修理用零件、备件和低值易耗品等，在生产过程中所产生和回收的废料应当扣除计算。

---

① 非工业性生产：系指本企业生产工人所进行的房屋建筑物大修理、固定资产清理、福利事业的劳务供应等工作。

3.燃料　指企业为进行生产而耗用的各种由厂外购进的燃料。

4.动力　指企业为进行生产而耗用的各种由厂外购进的动力。

5.工资　指企业的工业生产人员、房屋建筑物大修理人员和非独立核算的附属业务（如厂外运输等）人员的基本工资、辅助工资和临时雇佣人员的工资，不包括应从福利补助金和其他企业基金中开支的公共食堂、公共住宅、浴室、理发室、托儿所、幼儿园、诊疗所、休养所、疗养院等生活福利单位工作人员的工资。

6.工资附加费　指企业按照国家规定的比率依上项工资总额计算提存的工资附加费，包括劳动保险金、工会经费、医药卫生补助金、福利补助金和企业直接支付的劳动保险费用。

7.折旧费　指企业因进行生产而使用的各项固定资产和公共住宅及福利事业用的固定资产按规定折旧率提取的基本折旧和大修理折旧费用。

8.其他费用支出　指不属于以上各要素的费用支出，如邮电费、旅差费、租赁费、利息支出和外部加工费等。

上列各项目相加的全部生产费用合计数，减去“不包括在工业总产值之内的非工业生产的生产费用”，加“上期结转的待摊费用和结转下期的预提费用”，减“结转下期的待摊费用和上期结转的预提费用”以后，就是工业总产值的生产费用。工业总产值的生产费用加“在产品和自制半成品的期初余额”，减“在产品和自制半成品的期末余额”就是工业商品产品的工厂成本，再加销售费就等于商品产品的全部成本。

（三）中央工业各部和各省、市、自治区的计划部门和财政部门可以根据实际需要，自行增设生产费用要素，但减少或合并生产费用要素或变更各要素的内容时，必须事先征得国家计划委员会和财政部的同意。

## 二、产品成本项目及其内容

（一）为了正确地反映产品成本的构成，以便于检查产品成本计划的执行情况，分析产品成本降低和超支的原因，进一步挖掘企业降低成本的潜力，工业企业编制产品成本计划和核算产品成本的实际费用，都应当按照“成本项目”进行分类。

（二）工业企业为进行产品生产所支出的一切费用，都应当按照其用途分为下列各个“成本项目”：

1.原材料　指构成产品主要实体的各种原料及主要材料。在生产过程中所产生和回收的废料，应当从本项目内减除。

2.辅助材料　指直接用于产品生产，虽不能构成产品实体，但有助于产品形成的各种辅助材料。在生产过程中所产生和回收的废料，都应当从本项目内减除。

3.燃料　指直接用于产品生产的各种燃料。

4.动力　指直接用于产品生产的各种动力。

5.生产工人工资　指直接参加产品生产的工人的基本工资和辅助工资。

6.生产工人工资附加费　指按上项工资总额依照国家规定比率计算提存的生产工人工资附加费和企业直接支付给生产工人的劳动保险费用。

7.车间经费　指在车间范围内为保证生产的正常进行而发生的各种管理费用、业务费用（如车间在生产中的研究试验费、自制半成品委托厂外加工费等）和有关厂房、机器及设备的维护、修理、折旧等费用。

8.企业管理费　指全厂性各项管理费用和应由整个企业负担的各种业务费（如企业仓库费用、材料与产品的化验检验费、利息支出等）干部培养费、待处理的编余人员费用和下放人员补助费等。

9.销售费　指产品在销售过程中所支出的各项费用，包括包装费和运输费等。

以上一至八项，构成工业商品产品的工厂成本。工厂成本加销售费就是工业商品产品的全部成本。

（三）中央工业各部和各省、市、自治区的计划部门和财政部门可以根据具体情况，在不影响国家综合汇总的条件下，增设必要的成本项目，如“废品损失”（适用于机器制造、玻璃、陶器、罐头等工业企业）、“停工损失”等；也可以根据企业生产的特点，在某一成本项目下，补充明细项目，如机械工业可在“原材料”项目下，补充“其中：外购半成品”项目。但减少或合并成本项目或变更各成本项目的内容时，必须事先征得国家计划委员会和财政部的同意。

（四）为了正确地反映产品成本的构成情况，对于经过连续加工复制才能制成产品的工业企业，在生产过程中所耗用的自制产成品和自制半成品的工厂成本，都应当进行成本还原①。编制成本计划、核算实际成本这两项工作，在成本还原问题上必须取得一致。

## 三、有关成本核算的几项规定

（一）工业企业所使用的生产费用要素和成本项目的名称及内容，汇集和分配生产费用的原则和方法，以及产品成本计算的对象、单位等，以编制成本计划和进行成本核算时，都应当取得一致，以便于检查、考核和评比。

（二）工业企业都应当按月计算成本，成本计算的起讫日期应当和历年制月份的起讫日期相一致。

（三）各工业企业都应当根据生产组织的类型和特点以及产品的种类，采取适当的成本计算方法计算，产品单位成本不得采取先算总成本，然后再按比例计算产品单位成本的方法。

（四）工业企业为了正确地进行产品成本计算，应当设置必要的原始记录（如产量、质量、材料消耗、工时耗用等凭证）。原始记录

① 成本还原：企业在编制产品成本计划和核算产品成本时，对连续加工复制（例如全能纺织厂在生产色布时，先要由原棉纺成纱，由纱织成坯布，再由坯布染成色布，这就叫连续加工复制）过程中所耗用的自制产成品或自制半成品，仍然按照自制产成品或自制半成品的原来成本项目计算，这就叫成本还原。例如：生产色布的全能纺织厂的成本还原，就是指印染色布所耗用的自制坯布成本，要还原到坯布的料、工、费等成本项目，而坯布中所耗用的自制棉纱成本，还要还原到纺纱所耗用的料、工、费等成本项目。

应当根据满足核算需要、保证核算质量、通俗易懂、简便易行的原则设置，以便于工人参加管理和核算。

（五）材料的领用必须建立必要的领料制度。月终余料应当盘点和计价并办理退料手续，由于长期停止生产而剩余的材料，应当及时办理退库手续。

（六）材料的价格应当包括买价、运输、装卸、搬运和储备过程中的加工整理等费用在内。采购材料的运杂费不得列入企业管理费。

（七）凡能直接确定属于某一产品耗用的原材料、辅助材料、燃料和动力费用，应当由该产品的成本直接负担。凡由若干个产品共同耗用的原材料、辅助材料、燃料和动力费用，可以按一定比例在有关产品的成本间进行分配。分配比例的拟订，必须力求接近实际，避免差异过大。

（八）低值易耗品应根据成本负担均衡、计算手续简便的原则，按照低值易耗品的类型，采用适当的方法进行摊销。

（九）固定资产折旧费应当按照月初实有的固定资产（包括在用、未使用和不需用的固定资产）价值和规定的折旧率计算提存，不得按估计数任意计列。

固定资产的折旧率经工业主管部门批准以后，不得任意变更。固定资产增加价值或增长使用年限时，可以报经工业主管部门批准后调整折旧率。

（十）为了保证固定资产大修理的资金供应及合理分配产品成本应当按月提存大修理基金。进行大修理所需要的费用，应当从提存的大修理基金中支用。

（十一）待摊费用应当按照受益期限长短，分期摊入成本。摊入成本的期限以一年为限。超过一年时，应当经过工业主管部门批准。

（十二）车间经费和企业管理费计入产品成本的分配标准，可以由各企业根据具体情况，按照分配合理、切合实际和手续简便的原则自行规定。为了保证企业之间成本的可比性，分配的方法也可以由工业主管部门统一规定，但分配标准一经确定，不应随意变动。

企业对外销售的自制材料、自制半成品和对外供应的劳务都应当负担企业管理费。

（十三）工业企业应在月份终了时，对在产品进行盘点和估价，但能够根据原始记录按月确定在产品成本的企业，也可以按季进行盘点和估价。具体的估价方法，可以由工业主管部门或企业自行规定，但必须能够保证正确地计算产品成本。

中央工业各部应当根据上述规定的要求，结合具体情况，分别不同行业对所属工业企业作出统一的生产费用要素和成本项目以及成本计划和核算方面的有关规定，征得国家计划委员会和财政部的同意后执行，并抄送各省、市、自治区有关部门参考。

省、市、自治区计划部门和财政部门应当会同各工业主管部门根据上述规定的原则，参照中央工业各部的有关规定，结合具体情况，作出本地区工业企业（包括省、直辖市、专区和专辖市各工业主管部门所属工业企业）的统一生产费用要素和成本项目以及成本计划和核算方面的有关规定。

县属工业企业的生产费用要素和成本项目以及成本计划与核算的办法，由省、市、自治区的计划部门和财政部门会同工业主管部门参照上述规定的原则，自行规定。

本规定对非工业部门所属国营工业企业一律适用。

# 27.轻工业建设设计文件审批办法

（1959年8月29日轻工业部发布）

**第一条** 为贯彻鼓足干劲、力争上游、多快好省地建设社会主义的总路线，保证轻工业基本建设的质量、数量与进度，特制定轻工业建设设计文件的审批办法。

**第二条** 轻工业建设设计文件，必须按照有关规定经主管部门审查批准。

**第三条** 轻工业部直属建设项目的设计文件由部审批。

**第四条** 在地方限额以上建设项目中，凡经轻工业部指定的生产新产品或采用新的工艺过程，而在技术上又特别复杂的项目和部分重大项目，其设计文件，应报部审批；其余项目的设计文件，由省、市、自治区基本建设委员会和轻工业厅、局审批，并将审查意见抄送轻工业部。

**第五条** 地方限额以下建设项目的设计，由省、市、自治区审批。其审批办法由省、市、自治区基本建设委员会和轻工业厅、局制定，并抄报轻工业部。

**第六条** 地方和中央非轻工业部门，对于所属轻工业建设项目，如因缺乏有关专业技术人员，以致审批设计有困难时，可由轻工业部审批或协助审批；但须在设计开始编制时即提出要求，并取得同意。

**第七条** 援外建设项目的设计文件，由轻工业部审批。

**第八条** 按本办法的规定，须由部审的设计文件，必要时得委托省、市、自治区代为审查后，由部批准之。

**第九条** 凡是需要报送国家基本建设委员会审批的限额以上建设项目的设计、标准设计和援外设计，由轻工业部进行初审后，报国家基本建设委员会审批。

**第十条** 轻工业部与省、市、自治区基本建设委员会和轻工业厅、局负责审批的设计文件，是指三段与二段设计的初步设计、一段设计的设计纲要和总概算。三段设计的技术设计及修正总概算由建设单位的直接主管机关审批；施工图由施工单位审查，建设单位参加。

**第十一条** 建设项目的设计文件，必须认真依据经主管部门批准的设计任务书与有关指示文件进行审批；审批时间一般不得超过十五天。

**第十二条** 轻工业部在审批设计文件时，应会同有关省、市、自治区轻工业厅、局、建设单位和设计单位等共同进行；必要时，得邀请施工部门参加。

本办法自1959年9月1日起生效。如本办法与国家基本建设委员会今后颁布的规定有所抵触时，则按国家基本建设委员会的规定办理。

# 28. 工农业产品和工程建设技术标准管理办法

（1962年11月10日国务院全体会议第一百二十次会议通过
1962年12月4日国务院发布施行）

## 第一章　总　则

**第一条**　技术标准主要是对工农业产品和工程建设的质量、规格及其检验方法等方面所作的技术规定，是从事生产、建设工作的一种共同技术依据。随着我国经济的发展和科学技术水平的不断提高，加强技术标准的管理工作，对于保证产品和工程的质量，增加产品品种，合理利用国家资源，节约原料、材料，便利协作配合、使用维修，巩固、推广广大群众革新创造的成果，提高社会劳动生产率，都具有重要作用。为此，制定本办法。

**第二条**　一切正式生产的工业产品，各类工程建设的设计、施工，由国家收购作为工业原料的、出口的以及对人民生活有重大关系的重要农产品，都必须制订或者修订技术标准，并且按照本办法的规定进行管理。

## 第二章　制订和修订技术标准的原则

**第三条**　技术标准的制订和修订，应当贯彻多快好省的精神，符合经济、实用、安全的要求，体现国家的经济政策和技术政策，密切结合自然条件，合理利用国家资源；既要便于使用，又要便于生产；既要从现有基础出发，又要充分考虑科学技术先进成就，注意不断提高；既要照顾当前利益，又要照顾长远利益，做到宽严适度，繁简相宜。

**第四条** 一切应当而又能够在全国范围内统一的技术标准，都必须采用同一标准，以利全国通用；同时也要根据用途不同、地区不同、生产或者建设条件的不同，区别对待。

**第五条** 工业产品的技术标准，必须注意统一同一种型号产品的质量、规格，形成同类产品的系列，提高同类产品零件和部件的通用程度。

**第六条** 凡有必要而又可能同各社会主义国家的技术标准取得一致的，尽量采用相同的标准。对适当我国需要的国际性技术标准，应当参考采用。

**第七条** 制订产品的技术标准，必须注意充分合理利用资源，保证和提高产品质量，发挥资源的特有优点。

**第八条** 一切具有民族特色、历史传统的产品的技术标准，必须保持和发扬产品固有的优良特点。

**第九条** 制订农产品的技术标准，应当在保证国家收购质量要求的前提下注意因地制宜，可以在同一的技术标准中作出不同的规定，必要的时候也可以规定不同的技术标准。

**第十条** 制订产品的技术标准，应当根据需要制订相应的包装标准；包装标准的制订，必须符合保证质量、保证安全的要求，考虑装卸、运输、保管等条件，贯彻节约用材的精神。

## 第三章 技术标准的制订和修订

**第十一条** 技术标准的制订和修订，必须贯彻不断革命论和革命发展阶段论相结合的精神。既要根据当前的经济、技术水平，及时制订相应的标准，坚持按标准办事；又要根据经济、技术发展的要求，不断集中群众的革新创造和科学研究成果，适时修订原有标准或者制订新的标准。

**第十二条** 技术标准是总结广大群众生产、建设、研究、试验、使用等实践经验的产物。技术标准的制订和修订，必须走群众路线，采取三结合的办法，把有关的工农群众、科学技术人员、领导人员组织起来，共同进行。

**第十三条** 各级生产、建设管理部门和各企业单位，在制订和修订技术标准的时候，必须同有关方面协商，充分考虑各方面的要求，特别是使用部门的要求，使有关的各项技术标准能够配合一致，以便于共同执行，互相促进提高。

## 第四章 技术标准的审批和发布

**第十四条** 技术标准分为国家标准、部标准和企业标准三级。技术标准的审批，采取分级负责的办法。

各级技术标准，在必要的时候可以分为正式标准和试行标准两类。

**第十五条** 国家标准是指对全国经济、技术发展有重大意义的技术标准。国家标准由主管部门提出草案，视其性质和涉及范围报请国务院或者科学技术委员会（主管工农业产品技术标准）和国家计划委员会（主管工程建设技术标准）会同国家经济委员会、国务院财贸办公室、国务院农林办公室审批。

**第十六条** 部标准主要是指全国性的各专业范围内的技术标准，由主管部门制订发布或者由有关部门联合制订发布，并报科学技术委员会或者国家计划委员会备案。

**第十七条** 凡是未发布国家标准和部标准的产品和工程，都应当制订技术标准，称为企业标准。企业标准的制订、审批和发布办法，由国务院各主管部门会同各省、自治区、直辖市，根据实际情况，另行规定，并报科学技术委员会或者国家计划委员会备案。

## 第五章 技术标准的贯彻执行

**第十八条** 各级生产、建设管理部门和各企业单位，都必须贯彻执行有关的国家标准、部标准。如果确有特殊情况，贯彻执行还有困难的，应当说明理由，并且提出今后贯彻执行的步骤，报请国务院有关主管部门批准。

**第十九条** 一切生产企业，对于原料、材料和协作件的验收，半成品的检查，以及成品的检验，都必须按照技术标准进行。

一切工程建设的设计、施工和验收，都必须按照技术标准进行。

凡是发布了技术标准的农产品，在收购的时候都要按照标准分级处理。

**第二十条** 一切产品，应当根据需要，按照技术标准中的规定，作出必要的说明和标志。

**第二十一条** 各生产、建设企业单位，为了贯彻执行国家标准、部标准，可以制订相应的补充规定。

**第二十二条** 出口产品除必须符合国家标准、部标准或者企业标准外，必要的时候，可以由各级主管部门会同对外贸易部门作出补充规定。

**第二十三条** 各级生产、建设管理部门和各企业单位，应当根据工作的需要，指定机构或者专人负责技术标准的管理工作。

**第二十四条** 各项技术标准的解释，由标准发布单位或者它所指定的单位负责。

## 第六章 附 则

**第二十五条** 各部门、各地区可以根据本办法制定实施办法。

**第二十六条** 本办法的解释，由科学技术委员会负责。

**第二十七条** 本办法自发布之日起施行。

# 29. 全国地质资料汇交办法

（1963年5月30日国务院批准　1963年6月6日地质部发布施行）

**第一条**　为了集中管理全国各部门所取得的各种地质资料，充分发挥其作用，以服务于国民经济建设、科学研究和教学工作，制定本办法。

**第二条**　地质部全国地质资料局（以下简称全国地质资料局）负责集中管理全国各种地质资料。省、自治区、直辖市地质局全省（区、市）地质资料处（以下简称全省地质资料处）负责集中管理各该省、自治区、直辖市各种地质资料。全国地质资料局和全省地质资料处还负责地质资料的借阅工作。

**第三条**　凡从事地质工作的部门，包括地质部，省、自治区、直辖市地质局，中央和地方各有关工业部门，地质科学研究部门，地质院、校等，在地质工作告一段落或结束时，均须将所编写的地质报告等资料汇交全国地质资料局和有关省、自治区、直辖市的全省地质资料处。

**第四条**　地质工作的地区如跨属两个或两个以上的省、自治区、直辖市时，应向每一有关省、自治区、直辖市的全省地质资料处汇交地质报告等资料。

**第五条**　地质资料的汇交范围：

（一）区域地质普查及区域地质测量报告；

（二）矿区普查报告；

（三）矿区勘探报告（包括初步勘探和详细勘探，中间的或年度的和最终的勘探报告）；

（四）矿山开发勘探报告；

（五）矿山开采完毕的最后地质报告；

（六）区域水文地质调查报告；

（七）日产一千吨以上地下水的供水水源的初步设计及技术设计阶段的水文地质勘探报告；

（八）水利水力工程河流规划阶段的地质报告；

（九）铁道新建干线、复线和按单项工程进行的特大桥、一千五百米以上的隧道，以及大中型水坝、水库等初步设计和技术设计阶段的工程地质、水文地质勘察报告；

（十）地球物理和地球化学勘察报告；

（十一）各种地质科学研究成果（已经公开出版的不需汇交）；

（十二）综合性地质资料及综合性矿产资料（包括整套区域地质图、大地构造图、矿产分布图、成矿规律图、预测图、地质研究程度图、矿产产地资料汇编、矿产储量平衡表以及地质资料目录等）；

（十三）矿点检查、踏勘简报和小型工程地质报告；

（十四）经过汇总的群众报矿资料。

上述第（十三）、（十四）两项资料只向全省地质资料处汇交，不需向全国地质资料局汇交。

**第六条** 地质资料的汇交份数：

（一）第五条第（一）项至第（十二）项所列的各类地质资料，均须向全国地质资料局汇交一式二份；

（二）第五条所列的各类地质资料，均须向各有关省、自治区、直辖市的全省地质资料处汇交一式二份；

（三）汇交外国专家所写有关我国的地质报告等资料，除按前两项规定汇交中文报告外，并须向全国地质资料局和有关省、自治区、直辖市的全省地质资料处各汇交原文报告一份。

**第七条** 地质资料的审批及汇交的时间和手续：

（一）汇交的地质报告必须按照审批制度经过有关主管部门审查批准，决议书或审批意见书等应一并汇交。

（二）从事地质工作的各部门，应按时编写地质报告，经审查批准后，及时复制，主动汇交。汇交地质报告的时间最迟不得超过野外地质工作或室内研究工作结束后一年。

（三）汇交给全国地质资料局的地质资料统一由全省地质资料处上交。由中央有关部门审查批准的地质报告，可由审批部门直接汇交全国地质资料局，但必须将汇交情况通知有关省、自治区、直辖市的全省地质资料处。

**第八条** 汇交的地质资料必须符合下列要求：

（一）汇交的地质报告（包括附图、附件等）必须印晒清楚，资料齐全，装订整齐，图件折叠合乎规格要求，并有各级行政和技术负责人及编写人的签名盖章和汇交单位的公章。

（二）地质报告及其附件的用纸一律规定为长二十七厘米，宽十九厘米（即标准纸十六开本），附图应按同样的长度和宽度折叠，折成“手风琴式”，并把图签折在外面。

（三）资料盒规定为长三十厘米，宽二十二厘米，厚度一般不宜超过十厘米，并要求每套报告第一盒的厚度尽量减薄，仅放文字报告、决议书或审批意见书、主要附图、总目录等。

（四）文字报告必须编有页码，附有报告章节和附图、附件目录。附图、附件均须编号，附图应依序一张一号。报告复制后不得任意修改，如需修改时必须由报告编写人在修改处盖章。

**第九条** 全省地质资料处在接收地质资料时，应将全部资料加以验收，如发现资料有缺失、破损、模糊不清和其他不符合本办法规定的要求时，得将资料退回，由原单位在限期内重新整理或补充修改后，再行汇交。

汇交的地质资料，经全省地质资料处和全国地质资料局验收后，发给收据。

**第十条** 全省地质资料处对在本省、自治区、直辖市进行地质工作的部门的地质资料汇交工作，负有监督和检查的责任。

**第十一条** 地质部向工业和设计等部门提交地质报告的份数和

手续，不在本办法规定范围之内。

**第十二条** 本办法经国务院批准后，由地质部发布施行。一九五八年地质部发布的“全国地质资料汇交暂行办法”即行废止。

# 30.国家经济委员会、财政部关于国营工业、交通企业设置总会计师的几项规定（草案）

（1963年10月18日国务院批转试行）

一、为了建立、健全企业的经济责任制，加强企业的经济核算，严格实行财务、会计监督，贯彻勤俭建国、勤俭办企业的方针，所有国营工业、交通企业（包括建筑安装企业和联合企业所属厂矿）的厂长（或者经理，下同）都应当亲自领导企业的经济核算和财务会计工作，并根据本规定设置总会计师，作为厂长加强领导这一工作的助手。

没有条件设置总会计师的企业和小型企业，可以选设置副总会计师或者指定专人行使总会计师的职权。

二、总会计师应当挑选高于处（科）长水平的有实际工作能力的专业干部担任，一般应当具备的条件是：政治立场坚定，作风正派，能坚持原则，有组织领导能力，具有本单位生产经营管理方面的基本知识，对于经济核算、财务管理和会计核算具有较高的业务水平。

担任总会计师的人员，一般不要兼任其他行政领导职务，特别是不要兼任供销副厂长的职务。

总会计师由企业的上一级主管机关直接任免。

各省、自治区、直辖市经济委员会和财政厅、局以及各级企业主管部门，应当积极采取措施，有计划地培养这方面的专业人材，为全面推行总会计师制度创造条件。

三、总会计师是厂长在经济工作方面的助手。他的基本任务是：在厂长领导下建立、健全企业内部的经济责任制度；组织和推动企业内部经济核算工作，负责组织计算与审查企业的生产经营活动和技术措施的经济效果，促使企业合理地使用人力、物力、财力；监督企业认真执行国家的财经政策、法令和财务、会计制度，遵守财政纪律，维护国家财产的完整，促使企业改善经营管理，厉行增产节约，降低成本，增加盈利。

**四、总会计师在厂长领导下，履行下列职责：**

（一）组织、推动企业有关部门实行经济核算，加强财务管理和会计监督，协同有关部门建立、健全企业经济核算和财务、会计制度（包括财产管理、资金管理、成本管理、定额管理、会计核算、经济活动分析等方面的制度），并监督其贯彻执行。协助厂长建立、健全企业各部门、各级的经济责任制，使企业的各项经济核算和财务会计工作都有明确分工和专人负责。

（二）协助有关副厂长和总工程师组织有关部门，计算和审查向上级提供的产品方案、生产规模方案以及产品设计、技术措施、安排生产和基本建设任务的经济效果，并对这些方案、措施的经济效果实现情况进行检查。

（三）组织有关部门提出企业财务成本计划、产品的定价和调价方案，参与审查企业的生产技术财务计划、增产节约指标，以保证各项计划、措施的相互协调、相互衔接。

（四）监督本企业认真贯彻国家的有关财务、会计工作方面的政策、法令和财务、会计、信贷、结算等制度，严格执行国家批准的财务、成本计划，促使计划的圆满实现。

（五）监督企业流动资金、工资基金、大修理基金、企业基金以及各项专用拨款的合理使用，保证各项资金的专款专用。根据保证生产和节约资金的原则，组织、监督全厂资金的收支平衡工作，促使企业不断地挖掘资金潜力，加速资金周转，提高资金的使用效果。

（六）监督企业合理使用财产、物资，严格执行财产、物资的验收、领退、调拨制度和保管制度，组织定期和不定期的财产清查，对于财产物资的超储积压、盘盈盘亏、损失浪费，应当查明原因，提出改进措施。

（七）监督企业严格执行关于成本开支范围和费用划分的规定，正确计算成本、利润，保证成本、利润数字真实可靠。督促有关部门采取各项有效措施，在生产、供应和销售等各个环节上力求节约材料、工资和费用，不断降低成本，增加盈利。

（八）监督有关部门认真按照会计手续和会计制度的规定，做好记帐、算帐、报帐工作，如实地反映企业的经济活动和财务收支情况。

（九）负责组织、推动群众性的经济核算工作，充分发动群众参与有关的经济指标和技术经济定额的制订、修改、考核和评比，促使增产节约措施的实现。

（十）具体组织全厂的经济活动分析工作，健全厂部、车间、小组的经济活动分析制度，协助厂长定期召开经济活动分析会议，协同有关副厂长组织有关部门对各项计划、措施的执行情况进行全面的或者分项的综合研究和分析比较，找差距、挖潜力，不断地提高企业的经营管理水平。

五、总会计师的权限：

（一）企业内部各职能科室、各车间在经济核算和财务会计工作上，必须服从总会计师的统一组织和业务领导。企业有关经济核算、财务管理和会计核算等方面的一般业务性制度、办法，应当由总会计师审查批准。带有重要原则问题的制度、办法，应当由总会计师审查后，提交厂长或者厂务会议决定。

（二）企业上报的财务成本计划、银行贷款计划、产品定价和调价方案、会计报表，都应当由总会计师签署或者会签。对外签订的重要经济合同，应当抄送总会计师一份备案。

（三）对于企业各有关部门提出的不符合经济核算原则和国家制度规定的各种计划、方案、措施、合同，总会计师有权向有关部门提出意见。对于任何人违反财经政策、法令制度，不执行国家计划、预算，不遵守财政纪律，弄虚作假、营私舞弊、欺骗上级等违法乱纪行为，总会计师有权进行检查并加以制止，制止无效时，除及时向厂长报告外，并有权越级上报。

（四）企业财务会计人员的任免，必须先征求总会计师的意见。财务会计主管人员或者财产物资主管人员调动工作办理交接时，应当由总会计师或者由总会计师指定人员监交。

（五）对于切实遵守经济核算原则，认真执行计划、预算和财务会计制度，取得显著成绩的单位和人员，以及对于不讲求经济核算，有意违反财经纪律和财务会计制度，不执行计划、预算，因而使工作遭受损失的单位和人员，总会计师有权提出意见，报厂长或者厂务会议决定后，分别给以应有的奖励或者处分。

**六、**总会计师应当定期向厂长或者厂务会议汇报工作，并坚决执行厂长的指示和厂务会议的决议。经常关心企业的全面工作，注意经济核算、财务管理同生产技术管理各项工作之间的配合，对与生产技术、物资供应、劳动奖励等有关的问题，要随时征求有关副厂长和总工程师的意见。

**七、**企业违反国家的财经政策、法令制度，不遵守财政纪律，总会计师如果不提出意见加以制止，也不向厂长和上级机关反映的，应当与过失人员负连带责任。企业的财务会计工作混乱，违反经济核算原则，不讲究经济效果，财产、物资发生损失浪费，总会计师如果不提出意见和采取措施加以纠正的，应当对这种情况负责。

**八、**总会计师必须勤勤恳恳、任劳任怨地忠实履行自己的职责，加强政治观点、生产观点和群众观点，深入调查研究，一切从实际出发，认真贯彻执行群众路线，为促进生产发展和全面完成国家计划而努力。

**九、**国务院各主管部门以及各省、自治区、直辖市经济委员会和财政厅、局，应当根据本规定的原则，订出本部门、本地区工业、交通企业设置总会计师的具体步骤和办法，并报国家经济委员会和财政部备案。

# 31.发明奖励条例

（1963年11月3日国务院发布施行）

## 第一章　总　则

**第一条**　为了鼓励发明和推广应用发明，以促进科学技术和国民经济的发展，制定本条例。

**第二条**　本条例所说的发明，是一种新的科学技术成就，它必须同时具备下列三个条件：

（一）前人所没有或国外虽有而未公布的；

（二）经过实践证明可以应用的；

（三）比现有的先进的。

**第三条**　全国各有关单位都应对群众的发明给予热情的鼓励和支持，并积极推广应用发明。

## 第二章　主管机构

**第四条**　中华人民共和国科学技术委员会（以下简称国家科委）统一领导全国发明工作，并监督全国对发明的推广应用。

**第五条**　国务院各有关部门和中国科学院负责领导本部门有关发明的申报、审查、鉴定等工作。

**第六条**　省、自治区、直辖市科学技术委员会（以下简称省、自治区、直辖市科委）负责领导本地区有关发明的申报、审查、鉴定等工作，并监督本地区对发明的推广应用。

**第七条**　省、自治区、直辖市各有关厅、局负责领导本厅、局主管范围内有关发明的申报、审查、鉴定等工作。

**第八条** 全国一切国防专用的发明，都由国防部核准。一切非国防专用的发明，都由国家科委核准。奖励办法都按本条例办理。

## 第三章 申报和审查

**第九条** 发明人（包括个人和集体，以下同）申报发明，应提出发明报告，按下列规定申报：

（一）发明人属于中央直属单位的，两份报主管部门审查，一份抄报国家科委（国防专用的抄报国防部）。

（二）发明人属于地方单位的，两份报省、自治区、直辖市主管厅、局审查，一份抄报省、自治区、直辖市科委。

（三）发明人属于国防部门的，凡是国防专用的发明，两份报军种、兵种或总部的有关业务部门审查，一份抄送国防部；非国防专用的发明，两份报所在省、自治区、直辖市有关厅、局审查，一份抄报所在省、自治区、直辖市科委，一份抄报军种、兵种或总部的有关业务部门。

（四）发明人是一般居民的，两份报省、自治区、直辖市有关厅、局审查，一份抄报省、自治区、直辖市科委。

**第十条** 发明报告应包含下列内容：

（一）发明的名称；

（二）发明人姓名、工作单位、职务和通讯地址；

（三）发明的完成日期；

（四）列为发明的理由；

（五）发明的详细内容；

（六）申报发明的日期。

**第十一条** 编写发明报告要实事求是，报告的内容要简要、明了、准确、完整。

**第十二条** 省、自治区、直辖市各有关厅、局对申报的发明，负责组织审查、鉴定，认为合格的，签注意见一式三份，两份报省、自治区、直辖市科委审核后转报国家科委核准（国防专用的报国防部核准），一份抄报国务院主管部门。

**第十三条** 国务院各有关部门、中国科学院对直属单位的发明人申报的发明，负责组织审查、鉴定，认为合格的，签注意见，报国家科委（国防专用的报国防部）核准。

国务院各有关部门负责审查省、自治区、直辖市各厅、局抄报的发明项目，并签注意见，报国家科委（国防专用的报国防部）。

**第十四条** 各主管单位接到申报的发明后，必须及时作出处理，并将审查、鉴定的结果通知申报人或申报单位。如在半年以上仍不予处理时，申报人或申报单位得向省、自治区、直辖市科委或国家科委（国防专用的向国防部）提出申诉。

**第十五条** 发明人和审查单位之间发生争议时，或其他单位、个人对已核准的发明项目有不同意见时，可向国家科委（国防专用的向国防部）申请作最后的决定。

## 第四章 奖 励

**第十六条** 对发明的奖励采用荣誉奖和物质奖相结合的方式。每项发明奖励一次。

奖励共分五等，规定如下：

| 奖励等级 | 荣誉奖 | 奖 金 |
|---|---|---|
| 一 | 发明证书及一等奖章 | 一万元 |
| 二 | 发明证书及二等奖章 | 五千元 |
| 三 | 发明证书及三等奖章 | 二千元 |
| 四 | 发明证书 | 一千元 |
| 五 | 发明证书 | 五百元 |

**第十七条** 特殊重大的发明列为特等奖，由国家科委提出，报国务院批准，另行奖励。

**第十八条** 国家科委组织发明评奖委员会，负责发明的评奖工作。

**第十九条** 发明的评奖办法由国家科委另定。

**第二十条** 发明评奖委员会的评定结果，经国家科委批准后，由国家科委统一授奖。

**第二十一条** 经核准的发明，可由国家科委通报表扬。

**第二十二条** 以发明人的姓名命名发明，须经国家科委批准。

## 第五章 应用和保密

**第二十三条** 发明属于国家所有，任何个人或单位都不得垄断，全国各单位（包括集体所有制单位）都可利用它所必需的发明。

**第二十四条** 每项发明应否保密、应列密级及其保密措施，都按有关保密规定办理。

**第二十五条** 由于对外贸易或其他原因，需要将发明出售给国外时，经国家科委批准后，统一由对外贸易部办理。

## 第六章 华侨和外国人申报的发明

**第二十六条** 旅居外国的华侨和外国的单位或个人，都可以按照本条例申报发明，经审查批准之后，按本条例规定给予奖励。

中华人民共和国科学技术委员会发明局负责接受前款规定的申报。

## 第七章 附 则

**第二十七条** 本条例自国务院发布之日起施行。

# 32.技术改进奖励条例

（1963年11月3日国务院发布施行）

## 第一章　总　则

**第一条**　为了鼓励群众改进技术的积极性，以促进国民经济的发展，制定本条例。

**第二条**　凡是群众提出的技术改进建议，经过实验研究和实际应用，使某一单位的生产或工作更加多、快、好、省的，都是技术改进。

**第三条**　技术改进的内容包括以下各类：

（一）工业产品、建筑结构的改进，生物品种的改良和发展。

（二）工艺方法，试验、化验、检验方法，栽培技术，植物保护技术，养殖技术，安全技术，医疗、卫生、劳动保护技术及物资储藏、养护、运输技术等的改进。

（三）工具、设备、仪器、装置的改进。

（四）更有效地利用原料、材料、燃料、动力、设备及自然条件的技术措施。

（五）统计、计算技术及其他技术的改进。

**第四条**　各有关单位都应充分发动群众，努力改进技术，鼓励和支持群众改进技术的积极性，采用领导、群众、技术人员三结合的办法，有目的、有组织、有领导地进行技术改进。

**第五条**　本条例适用于全民所有制单位。集体所有制单位可参照本条例自行规定。

## 第二章　组织领导

**第六条**　中华人民共和国科学技术委员会（以下简称国家科委）负责监督本条例在全国的执行，并指导全国的技术改进工作。

**第七条**　国家经济委员会（以下简称国家经委）负责领导全国有关工业交通方面的技术改进工作。

**第八条**　国务院各部门和中国科学院负责管理本部门的技术改进工作，并应指定适当的技术行政单位，办理技术改进的日常业务工作。

**第九条**　省、自治区、直辖市科学技术委员会（以下简称省、自治区、直辖市科委）负责监督本条例在本地区的执行，并指导本地区的技术改进工作。

**第十条**　省、自治区、直辖市经济委员会（以下简称省、自治区、直辖市经委）负责领导本地区有关工业交通方面的技术改进工作。

**第十一条**　省、自治区、直辖市各厅、局负责管理本地区有关单位的技术改进工作，并应指定适当的技术行政单位，办理技术改进的日常业务工作。

## 第三章　审查和处理

**第十二条**　群众提出技术改进建议后，接受建议的单位应及时进行审查，作出结论，并通知建议人。

**第十三条**　建议人和审查单位之间发生争议时，可提请上级领导机关处理。

**第十四条**　经过审查认为有进行实验价值的技术改进建议，由接受建议单位领导批准后，列入本单位的研究试制计划或技术措施计划，给予人力和物力的保证。

**第十五条**　技术改进的研究试验费用由接受建议单位支付，属于生产单位的计入生产成本费，非生产单位的在事业费中列报。

**第十六条** 重大的和本单位无法处理的技术改进建议，应报请上级领导机关处理。

**第十七条** 技术改进措施必须经过试验和科学鉴定，成功之后才能采用。

**第十八条** 对于具有推广意义的技术改进，采用单位应及时进行总结、鉴定，写出系统的技术资料，按下列规定报有关单位推广应用：

（一）国务院各部门和中国科学院的直属单位，报主管部门，抄报国家科委和所在省、自治区、直辖市科委，有关工业交通方面的并抄报国家经委和所在省、自治区、直辖市经委。

（二）地方单位，报省、自治区、直辖市主管厅、局，抄报省、自治区、直辖市科委，有关工业交通方面的并抄报省、自治区、直辖市经委。在全国有推广意义的，由省、自治区、直辖市主管厅、局转报国务院主管部门。

## 第四章 奖 励

**第十九条** 无论是集体或个人（包括外国侨民）提出的技术改进建议，采用后都按本条例规定给予奖励。

**第二十条** 对技术改进的奖励采用荣誉奖和物质奖相结合的方式。每项技术改进奖励一次。

奖励共分五等，规定如下：

| 奖励等级 | 年实际增产节约价值 | 荣誉奖 | 奖 金 |
|---|---|---|---|
| 一 | 一百万元以上 | 批准单位表扬，并发奖状 | 五百至一千元 |
| 二 | 十万元以上 | 批准单位表扬，并发奖状 | 二百至五百元 |
| 三 | 一万元以上 | 采用单位表扬 | 一百至二百元 |
| 四 | 一千元以上 | 采用单位表扬 | 一百元以下 |
| 五 | 不满一千元 | 采用单位表扬 | |

年实际增产节约价值，是采用单位扣除生产成本费和实施技术改进开支后，一年中实际创造的价值。

**第二十一条** 在评奖时，除按年实际增产节约价值计算外，必须同时考虑技术改进的作用大小和技术复杂程度等情况。

**第二十二条** 技术安全、劳动保护等不能以增产节约价值计算的技术改进，由采用单位按其作用大小和技术复杂程度等情况评定奖励等级。

**第二十三条** 奖励的审批权限：

（一）国务院各部门和中国科学院的直属单位，一、二等奖由主管部门批准，三、四、五等奖由采用单位批准。

（二）地方单位，一等奖由省、自治区、直辖市主管厅、局转报国务院主管部门批准，二、三等奖由省、自治区、直辖市主管厅、局批准，四、五等奖由采用单位批准。

（三）各单位的领导人所提出的技术改进建议，在本单位采用后也应按本条例规定给予奖励，但必须经上级领导机关批准。

**第二十四条** 奖金由采用单位支付，生产单位支付的奖金计入生产成本费，非生产单位支付的奖金在事业费中列报。

**第二十五条** 集体所有制单位的技术改进，凡是在一个地区或全国范围内推广的，应分别由所在地区主管部门或国务院主管部门、中国科学院按其作用大小和技术复杂程度等情况给予适当奖励，奖金由给奖部门支付。

**第二十六条** 重大的技术改进，可由国务院各部门、中国科学院或省、自治区、直辖市各厅、局另行奖励，其奖金数额和荣誉奖的方式，不受本条例第二十条规定的限制。

## 第五章 附 则

**第二十七条** 国务院各部门、中国科学院可根据具体情况，制定施行细则，报国家科委备案。

**第二十八条** 本条例自国务院发布之日起施行。

# 交通行政法篇

## 壹　交通法规

# 1.实施安全负责制暂行办法

（1950年4月3日铁道部公布）

**第一条**　为了保证人民铁路财产，防止事故破坏，顺利完成铁路运输任务，特制定本办法。

**第二条**　铁道部所属各单位，均应普遍实行安全负责制度。铁路职工对于自己的工作对象（管辖区域范围内之建筑物、设备器材以及使用工具等）之安全，应按本办法之规定，切实负责保护之。

**第三条**　为了实行完整的安全负责制，工作时间由现场人员分工负责，下班后与假期应指定专人负责，必须作到每一空间与每一时间内均有人负责。

**第四条**　各部门之间及各职工之间，应明确划分保证安全责任之空间界限与时间界限，并严格规定交班接班制度。

**第五条**　各铁路工厂、仓库、车站、机关，应有必要之防火、防特、防盗等安全设备。

建设安全设备，如消防设备、围墙及其他有关设备，应视需要情况，逐步完成之。

各职工对于自己所管之安全设备，应经常施以检查，保持良好。

应教育职工及警卫人员如何使用安全设备，消防人员须经常演习。

**第六条**　为了贯彻安全负责制之实施，建立严格之逐级安全检查制度，定期对于安全组织、制度、设备等进行全面的安全检查，发现缺点时应立即加以补救或纠正。

**第七条**　建立安全工作之考绩制度。各级人事部门以考核保证安全之成绩，作为考核职工工作成绩标准之一。

**第八条** 各铁路部门应经常注意并研究如何保证安全。如遇发生事故时，应即追究发生之原因，随时策划防止事故之办法。

**第九条** 各部门应按其具体情况，分别另行拟具各级安全制度规则，安全公约及实施细则（如防火规则，工厂、仓库安全规则，防止事故公约，保密规则，列车安全规则，保证安全责任、界限细则，奖惩细则等）及其他保证安全之有关具体办法（如值班、接班办法，出入门制度等）。

**第十条** 本办法自公布之日施行。

# 2. 铁道部行车安全监察室暂行组织规程

（1950年11月2日）

**第一条** 为保证全国铁路行车安全，检查有关设施，督导行车工作，防止并处理行车事故，铁道部设行车安全总监察室（简称总监察室），驻东北特派员办事处设行车安全总监察分室（简称总监察分室），管理局设行车安全监察室（简称监察室），分局设行车安全监察分室（简称监察分室）。

**第二条** 总监察室受铁道部长领导，总监察分室受总监察室领导，监察室及监察分室所属上级监察室领导。

**第三条** 各级监察室组织及定员如左：

一、总监察室：

| | | |
|---|---|---|
| 总监察一人<br>副总监察一人 | 主任车务监察 | 一人 |
| | 主任机务监察 | 一人 |
| | 主任车辆监察 | 一人 |
| | 主任工务监察 | 一人 |
| | 主任电务监察 | 一人 |
| | 主任锅炉监察 | 一人 |
| | 主任教育监察 | 一人 |
| | 救援设备监察 | 一人 |
| | 事故分析工程师 | 一人 |
| | 事故分析员 | 三人 |
| | 秘书 | 一人 |
| | 事务员 | 一人 |
| | | 共十六人 |

二、总监察分室：

副总监察一人
第二副总监察一人

- 车务监察 一人
- 机务监察 一人
- 车辆监察 一人
- 工务监察 一人
- 电务监察 一人
- 锅炉监察 一人
- 教育监察 一人
- 事故分析工程师 一人
- 救援设备监察 一人
- 事故分析员 三人
- 秘书 一人
- 事务员 一人

共十六人

三、监察室：

监察室主任一人
副主任一人

- 车务监察 一人
- 机务监察 一人
- 车辆监察 一人
- 工务监察 一人
- 电务监察 一人
- 锅炉监察 一人
- 教育监察 一人
- 事故分析工程师 一人
- 救援设备监察 一人
- 事故分析员 三人
- 秘书 一人

共十五人

四、监察分室：

| | | |
|---|---|---|
| 监察分室主任一人<br>副主任一人 | 车务监察 | 二人 |
| | 机务监察 | 一人 |
| | 车辆监察 | 一人 |
| | 工务监察 | 一人 |
| | 电务监察 | 一人 |
| | 锅炉监察 | 一人 |
| | 教育监察 | 一人 |
| | 事故分析员 | 三人 |
| | 事务员 | 一人 |
| | | 共十四人 |

**第四条** 总监察由部长级人员担任，副总监察由副总局长级人员担任，监察室主任由局长或副局长级人员担任，主任监察由局长或处长级人员担任，办事处及局监察由处长或科长级人员担任，监察分室主任由副分局长级或科长级人员担任，分局监察由股长级人员担任之。

**第五条** 各级监察人员之委任：

所有各级监察室人员，按铁道部职工任免权限规程，统一由铁道部办理之。

**第六条** 各级监察人员，应具有左列条件：

一、政治立场明确，忠实为人民服务者。

二、大公无私，为职工拥护者。

三、熟悉一切有关规章，有专门技术者。

**第七条** 各级监察人员之任务如左：

一、经常采取措施，消除不良现象，制定有关行车安全具体办法改善工作，会同有关单位，指令有关行车之工作人员。

二、经常检查车站、列车、各方面对铁路技术管理规程、行车规则、信号规则等有关行车规章命令的执行状况，并督促其执行。

三、经常督促主管机构与人员检查机车、车辆、路线、道岔、信号、通信及锅炉设备等情况，并随时自行抽查各项设施，确保行车上之安全。

四、发生重大事故或大事故时，应尽速搭乘最速列车或机车，组成事故调查委员会前往事故现场，详细调查事故原因，责任及损失，并制定办法，防止再度发生。

五、在事故现场，监察人员得采取一切措施，迅速恢复通车。

六、研究并规定特派员办事处、管理局、分局之行车安全措施统计并总结月间已发生事故之情况，提出消灭事故之意见。

七、每年在五月一日、八月三十一日期间内组织考试委员会，对各级行车人员进行有关行车规章之考试（委员会由各级行政负责人参加）。

**第八条** 监察人员执行职务时，有以下之权利：

一、可乘坐各种列车、机车、守车及摩托车。

二、可使用各种电话、电报，遇有紧急事项时，可发特急电报。

三、准予出入其职权范围内各工作现场。

**第九条** 监察人员执行职务时，必须执有证明文件。

**第十条** 各级监察室应于月份完了前，提出来月之工作计划，并于来月三日前提出上月之总结报告，分别呈送上级监察室或铁道部长。

**第十一条** 监察人员应将工作的基本时间，用于检查现场工作，管理局监察人员应以百分之五十以上之时间，分局监察人员应以百分之七十以上之时间，用于现场工作。

**第十二条** 各级监察室之经费预算，按级造报铁道部，经批准后，拨付管理局或分局代拨各级监察室。

**第十三条** 本规程如有未尽事宜，由铁道部长以命令修正之。

# 3.汽车管理暂行办法

（1950年4月11日交通部公布
1953年6月29日政务院财政经济委员会批准修正）

## 第一章 总 则

**第一条** 为统一管理汽车与驾驶员，维护交通秩序，保障行车安全，特制订本办法。

**第二条** 本办法在中央交通部领导和督导下，由各大区、省（市）交通主管机关执行之。

**第三条** 本办法所规定之汽车号牌、行车执照、驾驶执照及各种有关书表等，经中央交通部规定统一格式，由各省（市）交通主管机关制印发用。

**第四条** 凡属于军事机关部队汽车及驾驶人员之登记、检验、考验与发照，由军事主管机关自行负责办理。但军车行驶公路或市区时，仍应遵守交通规则，并服从交通管理人员之指挥，其违章、肇事情节重大者，送当地政法机关会同其主管机关处理之。

**第五条** 汽车车主及使用汽车单位（机关、企业、团体）之负责人均不准迫使汽车驾驶员违反交通规则或执行与交通规章相抵触之规定。

**第六条** 凡汽车按照规定在所在地领有牌照后，可通行全国公路及市区道路。

**第七条** 本办法所称之汽车分类如左：

1.大型车 凡载重二公吨与二公吨以上之大客车、大货车及其他大型车辆属之；

2.小型车　凡载重不满二公吨之小客车、小货车及其他小型车辆属之；

3.机器脚踏车　凡二轮或三轮机器脚踏车属之。

**第八条**　本办法所称之汽车驾驶人分类如左：

1.职业驾驶员　凡以驾驶汽车为职业者属之，根据其驾驶技术分一、二、三等；

2.普通驾驶员　凡自驾自车之车主（包括营业车主）及一般不以驾驶汽车为职业者属之；

3.学习驾驶员　凡学习驾驶汽车者属之。

**第九条**　汽车车主及驾驶员声请“检”“考”或登记时，应向所在地主管机关依定额缴纳检验、登记考验、审验等手续费及号牌、执照等工本费。

## 第二章　车辆管理

### 第一节　检　验

**第十条**　汽车初次行驶，应由车主持同证明文件与车辆来历凭证向所在地主管机关声请检验，经检验合格方能领用牌照。

**第十一条**　汽车检验要项如左：

1.车辆丈量（包括车身长、宽、高及轮距轴距之尺寸等）。

2.机件检查。

（1）发动、变速及传动部分（包括引擎号码）；

（2）底盘部分（包括车架号码）；

（3）转向部分；

（4）制动部分；

（5）电系部分；

（6）车身部分；

（7）设备部分。

3.核定载重吨位及乘车人数。

**第十二条** 已领牌照之汽车，每年应在一定时期内举行年度检验一次。合格者在行车执照上签章，车身机件不良或有其他不符情事者，限期修好补正，经检验合格后，始行签章。其情况严重，足以影响行车安全者，得扣留其牌照。

**第十三条** 汽车遇必要时，亦得施行临时检验。

### 第二节 牌 照

**第十四条** 汽车经检验合格后，发给号牌及行车执照。号牌须装置於本车规定地位，行车执照须随车携带方准行驶。

**第十五条** 牌照如有遗失或损毁时，得由车主声请补换。

**第十六条** 汽车停驶或报废时，应将原牌照分别收存或缴销。

**第十七条** 汽车修理行、厂需试行汽车（已领或未领牌照之车辆）时，应请领试车牌照。

**第十八条** 凡未领有正式牌照需由原地驶往他地之汽车，或悬挂国外正式牌照并经我国政府（外交部、外事处或当地政府）许可逗留之汽车，均应请领临时牌照。

### 第三节 登 记

**第十九条** 汽车领得牌照后，如发生左列各项异动之一者，均须按照规定手续声请登记。

1.过户：车辆转移主权时；

2.变更登记：转移车籍或其他任何与行车执照原纪录项目有变更时；

3.停驶、复驶及报废：车辆因故停驶或恢复行驶或机件损坏不堪再驶时。

**第二十条** 登记时应分别签注行车执照或填换新照。

**第二十一条** 凡未领正式牌照停放不使用之汽车（包括引擎、底盘俱在者）应由所有人（包括机关、团体）持同证件向所在地主管机关声请未驶用汽车登记。但制造厂制造之新车及机器脚踏车除外。

## 第三章　驾驶员管理

### 第一节　考　验

**第二十二条**　驾驶员初次请领执照者，或已领执照需要增驾其他种类汽车者，均须持同本人照片及证件向所在地主管机关声请考验。经考验合格后，方能领取驾驶执照驾驶汽车。

**第二十三条**　已领汽车驾驶执照之驾驶员，每年应在一定时期内举行年度审验一次。合格者在驾驶执照上签注盖章，有问题者得根据情节轻重，分别吊扣、撤销或吊销其执照。

**第二十四条**　凡初次考验不合格者，已领执照久未就业者，审验执照有问题者，均得声请覆验。

**第二十五条**　凡职业驾驶员，具有一定驾驶经历，安全行驶纪录及保修技能者，或在驾驶工作上有发明、创造者，得声请升等考验。

**第二十六条**　考验项目如左：

1.体格检查：视力、辨色力、听力、神经、内脏等；

2.学科测验：汽车原理（机械常识）及交通规则；

3.技术测验：桩考、路考及保修作业。

体格不合格者，不得应学科测验。学科测验不合格者，不得应技术测验。

### 第二节　执　照

**第二十七条**　汽车驾驶员经考验合格后，凡职业及普通驾驶员发给驾驶执照，学习驾驶员发给驾驶证，均须随车携带方准驾驶。

**第二十八条**　职业、普通驾驶执照及学习驾驶证均不得涂改或转借。

凡持学习驾驶证者须有正式驾驶员在旁监护始准驾车。

**第二十九条**　驾驶执照（证）如有遗失、损毁或纪录填满时，得声请补发或换发。

**第三十条**　驾驶员如有改业、丧失驾驶能力或死亡时，应由本人或关系人将其驾驶执照向所在地主管机关缴销之。

### 第三节 登 记

**第三十一条** 驾驶员领得执照后，如原登记项目有变更或职业驾驶员就业、歇业时，均应按照规定手续声请登记。

**第三十二条** 登记时分别签注驾驶执照或填换新照。

## 第四章 行车管理

### 第一节 标志号志

**第三十三条** 本办法所称之标志，系指路线上所设置之禁令、警告、指示三种标志而言。号志系指行车或交通指挥时所用之手势、光色、声响、旗志等号志而言。

**第三十四条** 标志、号志之设置与使用由公路及市区主管机关分别办理之；各类标志式样严禁仿制，任何宣传或广告牌匾不得与标志并设一处。

### 第二节 行车装载

**第三十五条** 行车应靠路右顺序行驶，遵守交通标志、号志之规定，并服从交通管理人员之指挥。

**第三十六条** 车辆各部机件与安全设备等应于行车前严密检查，并须做到准确齐全。

**第三十七条** 汽车应按行车执照核定之吨位与人数装货、载客。

### 第三节 违章、肇事

**第三十八条** 公路及市区交通主管机关必须经常开展交通安全工作，推广交通安全先进经验，对防免肇事有功者应予表扬与奖励。

**第三十九条** 汽车行驶必须安全、谨慎，如有肇事应即停车迅速救护伤亡，其他过往车辆亦应尽力援救，并用最迅速方法报告就近有关机关处理。

**第四十条** 行车违章、肇事之处理办法，由中央交通部统一制订，其他有关行车装载之稽查取缔办法应以惩罚与教育相结合，分别由公路及市区主管机关另订之，并报中央交通部核备。

**第四十一条** 汽车车主及驾驶员如有违章、肇事时，由公路或市区交通管理机关，按情节轻重分别处罚，案情重大者移送政法机关处理。

## 第五章 附 则

**第四十二条** 本办法各项实施细则与有关规章由中央交通部另订之。

**第四十三条** 本办法自公布之日起施行。

# 4.养护公路暂行办法

（政务院批准　1950年7月8日交通部公布）

**第一条**　本办法为养护公路，确保运输起见，特根据政务院一九五〇年公路工作决定第五项第（4）节之规定订定之。

**第二条**　本办法由各级公路机关分别执行之。

**第三条**　养护路办法原则上分下列三种：

（一）凡高级路面（洋灰、柏油）碎石路面及主要军事经济运输之交通路线，均实行道班制养护公路（道班人数以八至十二人为一班，设班长一人。高级路面以每人养护二至四公里为原则，一般路面以每人养护一至四公里为原则）。

（二）凡重要路线，人烟稀少，或边远特殊地区，采用流动道班制，其养护工作繁重者，得用机械养路。

（三）凡交通运输量较小之一般路线，得以半脱离生产之代价，组织沿路具有剩余劳动力的群众负责养护，或配合地方政府，利用农闲，发动群众，义务养护之。

**第四条**　养护路禁例：

（一）在公路干线（包括国道、省道）及其他指定路线，均禁止铁轮大车行驶，如有特殊情形，经公路机关之许可，只准在路幅边沿通过。

（二）凡在公路界线内之建筑，如桥梁、涵洞、路面、水沟、标志、树木等，严禁搬移、涂抹、砍伐、挖掘、耕种以及私自取土、横开水沟等破坏行为。

（三）凡公路界线内有碍交通，有碍卫生之堆积、停放、建筑等，一律禁止。

（四）公路机关于雨季时，得通告短期停止行车。在停车期间，未得公路管理机关之特许者，不论何种车辆，一律禁止通行。

**第五条** 凡对养护公路有功者，得由公路机关予以物质或表扬之奖励；违反养护路禁例者，得由公路机关分别轻重，配合地方政府予以教育或送法院处理之。

**第六条** 重要桥梁隧道，由各级公路机关商请地方公安机关派人警卫及指挥交通。

**第七条** 各级公路机关每年应配合农林机关及地方政府发动群众，栽植或补植公路行道树。

**第八条** 本办法实施细则，由各大行政区及内蒙自治区人民政府主管交通部门自行拟定，呈准中央人民政府交通部实施之，中央直属省、市由中央人民政府交通部制定，颁布实施。

**第九条** 本办法自公布之日起施行。

## 5. 华东区修建公路征用土地暂行办法

（1950年9月18日华东军政委员会公布）

**第一条** 凡因修建公路而征用土地及拆除地上建筑物等，均依本办法之规定办理。

**第二条** 因新筑路线或就原有路线加宽路基征用土地时，可经省（区）以上人民政府批准，按原主生活情形分别采取有代价或无代价的征用办法处理之。

一、被征地之所有权属于生活困难之农民者，应尽可能在当地公地中照土地改革法第三条之规定征收补偿之；如当地照顾公地在土地改革以前，可按该项土地收入情形，由人民政府酌予补助，俟土地改革时调剂补还其土地。

二、被征用土地之所有权属于生活困难之小土地出租者及鳏、寡、孤、独、残废人等者，处理办法与本条第一项同；但如其本人无需土地，则可以以适当代价补给之。

三、被征用土地之所有权属于地主者，可无代价征用之；属于富农者，照土地改革法第六条之规定，分别有偿征购或无偿征收之。

四、被征用土地上之未成熟的农作物，因筑路而受的损失，可按耕种时所费种子、肥料、人工等成本实价，给予补偿；生活贫困者则可按一季收入酌予补偿。

五、被征用土地上必须拆除的房屋，应酌情予以适当补偿；如房主因生活条件牵涉势须在相当距离内重建房屋居住时，人民政府应协助其购买另建屋居之基地或租赁基地，于土地改革时调剂之。

六、被征用土地上之牌坊、碑楼、寨门、坟墓等障碍物，除属于名胜古迹及有历史意义的建筑物外，不论属于一家或一族，应劝告其自行迁移或拆除，不予补偿。贫苦人民无力迁移坟墓请求补助者，可酌予补助。

**第三条** 原有公路路基因年久失修，被沿线居民占用，现需重行修复时，占用人应无条件将所占路基归还。占用地上未成熟的农作物为贫苦农民所有者，人民政府可视情酌予补偿。

本条所述原有路基在建造时尚未完成公用征收程序者，按第二条规定办理。

**第四条** 在少数民族聚居区内征用土地时，其征用办法须先与少数民族协商确定。

**第五条** 本办法施行细则，由主办机关会同各有关县（市）人民政府订定，报请有关省（区）人民政府批准。

**第六条** 本办法自公布日起施行。

## 6.政务院关于一九五一年民工整修公路的暂行规定

（1951年5月25日政务院第八十六次政务会议通过
1951年5月31日公布）

为完成一九五一年筑路计划，整修维持原有公路，促进城乡交流，并照顾国家目前的财政困难，在不误农时的条件下，适当地组织各地民工进行整修公路。为此，特颁发“民工整修公路的暂行规定”如下：

一、民工的发动、组织、领导等由专署及县、区、乡（村）各级人民政府负责；工程技术指导由各级交通部门负责。

二、专署及县、区、乡（村）各级人民政府，对动员民工的工作，应认真的加以适当组织与分配；并在开工前作好一切准备工作，以达到爱惜和免于浪费民力之目的。

三、专署及县、区、乡（村）各级人民政府，在发动民工时应进行广泛、深入的动员，说明整修公路之意义；并应在施工期间加强宣传教育工作，开展爱国主义竞赛，及时评功评奖，以激发民工的劳动热情。

四、民工整修公路，以每个劳动力全年负担不超过十个标准工为原则（标准工以当地多数人每日所作之工程量为标准）。惟自愿参加或变工者不在此限。

五、一般地区对于参加整修公路之民工以不给口粮补贴为原则，但在情形特殊地区或从较远地区动员民工时，得由省人民政府根据当地情形，规定办法，酌予补贴，其费用由筑路经费或地方交通事业费开支。

六、当地人民政府，为照顾民工临时发生疾病或意外损伤，应在工地预作救护、医药的简单设备。

**七、**民工整修公路的主要工作如下：

甲、土方工程及简易之石方工程；

乙、桥涵工程及其他构造物之普通工作；

丙、排水、防水之普通工作；

丁、路面材料之采运工作；

戊、公路植树工作。

有技术条件之民工，应按其技术分配予相当的工作。

**八、**整修公路所用的普通工具，为一般民工所自有的应事先加以调查、组织，尽可能由民工带到工地使用；特殊工具，应由主管交通部门筹划供应。

**九、**在开工前，主管交通部门，应根据工程种类、数量、段落、施工方法、需用工数、完工期限，制定施工计划，提交当地专署或县人民政府。

**十、**各专署或县人民政府，应依据大行政区人民政府（军政委员会）或直属省（市）人民政府颁发的民工整修公路实施细则及主管交通部门所提出之施工计划，结合当地情况，拟具详细施工办法，报请省人民政府核准，核准后即由该专署及县、区、乡（村）各级人民政府负责执行。

**十一、**在施工期间，各有关交通部门，均须派遣技术干部，互相配合，监督施工，并指导有关技术事宜。

**十二、**完工后应即时验收，统计工数、编具正式决算，并总结经验逐级上报。

**十三、**各大行政区人民政府（军政委员会）直属省（市）人民政府应即根据本规定并结合当地实际情况，分别制发各该区、省（市）一九五一年民工整修公路实施细则，报请中央人民政府交通部备案。

# 7.轮船业管理暂行规则

（1951年4月16日政务院批准
1951年6月19日交通部公布）

**第一条** 本规则所称轮船业，指自备轮船经营旅客或货物之运输业务。

前款所称轮船，指大小轮船，拖轮或机帆船。

**第二条** 轮船业非依本规则之规定经中央人民政府交通部核准设立并颁发营业证书后，不得营业。

**第三条** 轮船业不论独资、合伙或公司，亦不论公营、私营或公私合营，均应组织固定之公司或商号。

**第四条** 私营轮船业资本应完全由中国人民投资，不准参入外资，公私合营之私营部分亦同。

**第五条** 经营轮船业，以自备轮船为限，仅有码头、仓库或其他航业设备，或仅租用他人轮船者，均不得申请设立。

**第六条** 经营轮船业，应填具申请书，附送下列文件，向所在地区航务局、区港务局分局或办事处（以下简称航务主管机关）申请，经审核属实后，转报中央人民政府交通部核准设立，方得筹备：

一、设立事项表；

二、组织章程草案或合伙契约草案；

三、预定资本总额；

四、预定轮船一览表（应注明来源、艘数及总吨数）；

五、营业计划（应注明航行为定期或不定期，或定期与不定期兼营）；

六、营业航线图说；

七、创办费概算书及营业收支概算书；

八、保证书；

九、申请人之姓名及住所。

各项文件如向分局或办事处申请者，应一式三份，向区局申请者，一式两份，逐级存转。

**第七条** 轮船业设立申请人，依下列之规定：

一、公营者，由主办机关申请之；

二、私营者，由创办人申请之；

三、公私合营者，由双方代表申请之。

**第八条** 轮船业应于申请设立时，缴纳申请费人民币十万元。

**第九条** 轮船业编制创办费概算书，应以确实数字，详列具体科目。

如已经收集之资本，尚不敷创办费支出，须另行借款者，概不准许设立。

营业收支概算书应详列事实需要之科目，不得以营业费用、财务费用或管理费用等含混科目概括之。

**第十条** 轮船业经中央人民政府交通部核准设立后，应即进行筹备，于限期内募足资本，购置或定造轮船，一面于设立完成后依照法令，向所在地工商行政机关申请为设立之登记。

前款筹备期间，不得超过六个月，逾期撤销设立之核准，并通知工商行政机关撤销登记。

但定造之轮船，遇有特殊困难情形，确不能如期完成，提出证明文件，经航务主管机关审核属实时，得转报中央人民政府交通部酌予展延，其期间由中央人民政府交通部核定之。

购置或定造之轮船，凡每艘在二百总吨以上者，应经中央人民政府交通部核准，未满二百总吨者，由航务主管机关核准。

中央人民政府交通部对于在国内外制造或在国外购置之轮船，得就其种类、型式、性能、容积、速率、设备、船龄等事项，按照实际需要情况，厘定标准，分别予以限制或鼓励，其办法由中央人民政府交通部另定之。

**第十一条** 轮船业购置或定造之轮船完成，经航务主管机关施行船舶登记，核发船舶登记证明书后，应缮造出资人、合伙人或股东名簿，股东代表及主持人经历表，职工名册连同船舶登记证明书影本，声请航务主管机关转呈中央人民政府交通部核发轮船业营业证书，方得开始营业。

在转呈期间，各航务主管机关得体察情形，核发轮船业临时营业证书，准许暂先营业。

**第十二条** 轮船业收支款项，应置备新式账簿，按照会计手续，详细登载。航务主管机关认为必要时，得随时派员审查。

**第十三条** 其他公私营企业兼营轮船业时，应将轮船业部分之资本划分，会计独立。

**第十四条** 轮船业依其经营航线及自备轮船总吨位，规定等级如下，但拖轮得连铁驳船计算吨位：

一、远洋、近海或沿海航线分为五等：

一等轮船业：自备轮船超过一万总吨者；

二等轮船业：自备轮船超过三千总吨至一万总吨者；

三等轮船业：自备轮船超过一千总吨至三千总吨者；

四等轮船业：自备轮船超过五百总吨至一千总吨者；

五等轮船业：自备轮船在五百总吨以下者。

二、内河航线分为五等：

一等轮船业：自备轮船超过三千总吨者；

二等轮船业：自备轮船超过一千总吨至三千总吨者；

三等轮船业：自备轮船超过五百总吨至一千总吨者；

四等轮船业：自备轮船超过二百总吨至五百总吨者；

五等轮船业：自备轮船在二百总吨以下者。

兼营远洋、近海、沿海及内河航线之轮船业，以远洋、近海、沿海为主者，依第一款分等，以内河为主者，依第二款分等。

**第十五条** 轮船业领有轮船业营业证书，得在各地设立分支公司或商号。

设立分支公司或商号时，应由总公司或总商号向所在地航务主管机关申请，并缴验中央人民政府交通部颁发之轮船业营业证书影本，暨总公司或总商号申请设立时各项文件抄本，经审核属实转呈中央人民政府交通部核准后，向工商行政机关申请登记，该分支公司或商号，方得开始营业，仅领有临时营业证书之轮船业，不得设立分支公司或商号。

**第十六条**　申请设立分支公司或商号者，应依第八条之规定，每一分支机构各缴纳申请费。其轮船总吨位及资本额，以总公司或总商号为准，不得自行增减。

**第十七条**　领有轮船业营业证书之轮船业，添造或添购新船，或将原有轮船所有权移转时，均应申请航务主管机关审查核准，其每艘在二百总吨以上者，并应转报中央人民政府交通部核准。

**第十八条**　领有轮船业营业证书之轮船业，因实际需要，得租用本国籍轮船，或代理本国籍其他轮船业业务。租用轮船者，应申请航务主管机关核准，并办理租赁权设定登记。

因实际需要，领有轮船业营业证书之轮船业，得向区航务局或区港务局申请核准后，临时代理外国籍轮船在中国沿海国际通航港口之业务，其向分局或办事处申请者，仍须转呈区局核准。

领有轮船业营业证书之轮船业，因实际需要，须租用外国籍轮船时，应向所在地区航务局或区港务局申请转呈中央人民政府交通部核准后，方得租用。

凡代理或租用之外国籍轮船，以在中国与国际间航行为限，不得阑入内河，或经营沿海贸易。

**第十九条**　轮船业代理其他轮船业业务，依下列之规定：

一、远洋、近海或沿海航线：

一等轮船业代理轮船吨位无限制；

二等轮船业得代理一万总吨以下之轮船；

三等轮船业得代理三千总吨以下之轮船；

四等轮船业得代理一千总吨以下之轮船；

五等轮船业不得兼营代理业务。

二、内河航线：

一等轮船业代理轮船吨位无限制；

二等轮船业得代理三千总吨以下之轮船；

三等轮船业得代理一千总吨以下之轮船；

四等轮船业得代理五百总吨以下之轮船；

五等轮船业不得兼营代理业务。

所谓代理轮船总吨位，指在同一时间及同一地点代理一艘或数艘轮船之总和。

依第十八条第二款之规定，代理外国籍轮船业务时，应受前项吨位之限制。

**第二十条** 经核准设立尚未经领有轮船业营业证书之公司或商号，不得租用轮船经营或代理轮船业业务。

违反前款规定者，除撤销设立之核准，并通知工商行政机关撤销公司或商号之登记外，仍照本规则之规定处罚。

**第二十一条** 轮船业未在各地设立分支公司或商号时，得委托其他轮船业代理业务。委托代理时，应受第十九条之限制，但在特殊情况之港口，缺乏适合等级之轮船业，致委托代理发生困难时，得申请航务主管机关核准后，委托较低等级之轮船业代理。

**第二十二条** 独资经营，依船为家，并未在陆地上组织公司或商号之船户，应自行联合同等性质或同一航线之船户，组织固定办事处所，订立章程，推定负责主持人，报经中央人民政府交通部核准设立并颁发轮船业营业证书后，方得营业。

**第二十三条** 轮船业自备之轮船，办理船舶登记后，一年内不准移转所有权，半年内不准设定抵押权。其有特殊情形者，应申请航务主管机关核准。

**第二十四条** 轮船业开始营业后，迁移地址，修改组织章程或修改合伙契约，股东移转股权，增减资本，增减吨位，增减或变更航线，变更股东代表机构，而不影响原有组织者，应申请航务主管机关转报中央人民政府交通部核准后，分别予以记录或换发证书。其应向工商行政机关声请变更登记者，并应依照法令办理。

**第二十五条** 轮船业核准设立或开始营业后，变更原有组织时，应重新申请核准设立。

依前款之规定，重新申请核准设立时，应依各项手续办理，并另行缴纳申请费。其已经开始营业者，得同时申请换发轮船业营业证书。

**第二十六条** 轮船业有下列情形之一时，应申请航务主管机关转报中央人民政府交通部核准备案：

一、暂时停止营业时；

二、轮船全部出租与他人经营时；

三、轮船全部委托其他轮船业代理经营时。

轮船业停止营业超过六个月尚未复业者，应缴还轮船业营业证书，申请撤销原有组织，但因不可抗力致复业迟延者，得申请航务主管机关转报中央人民政府交通部核准酌予展期。

**第二十七条** 轮船业解散时，应缴还轮船业营业证书，申请撤销原有组织。

**第二十八条** 轮船业营业证书灭失、遗失或毁损不堪用时，得申请补发或换发。

**第二十九条** 本规则施行前，已经领有轮船业执照或证书，并已营业之轮船业，应于六个月内，依本规则之规定，同时补行申请核准设立并颁发轮船业营业证书。在未颁发轮船业营业证书以前，并准继续营业。其已经设立分支公司或商号并已营业者，得同时补行申请。

依前款之规定，补行申请时，其申请书附件中创办费计算书以最近三年内资产负债表及损益计算书代替，并另行缴纳申请费。

**第三十条** 违反本规则之规定者得由航务主管机关视其情节轻重，分别予以教育、警告或人民币一千万元以下之罚款。非轮船业而租用轮船，经营或代理轮船业业务者，除依前项规定处罚外，并通知工商行政机关或其他主管机关令其停业。

以虚伪事实申请核准设立，或以虚伪事实取得轮船业营业证书者，除撤销其核准或证书外，并送请该管人民法院惩办。

**第三十一条** 外国籍轮船公司在中国设立分支公司或商号时，不适用本规则之规定。

**第三十二条** 本规则报经中央人民政府政务院批准，由中央人民政府交通部公布施行。

# 8. 中华人民共和国打捞沉船管理办法

（1957年9月7日国务院批准　1957年10月11日交通部发布）

**第一条**　为保证航行安全，加强沉船的打捞和管理工作，制定本办法。

**第二条**　除军事舰艇和木帆船外，在中华人民共和国领海和内河的沉船，包括沉船本体、船上器物以及货物都适用本办法。

**第三条**　下列沉船应当进行打捞：

（一）妨碍船舶航行、航道整治或者工程建筑的沉船；

（二）有修复使用价值的沉船；

（三）虽无修复使用价值而有拆卸利用价值的沉船。

**第四条**　严重危害船舶安全航行的沉船，有关港（航）务主管机关有权立即进行打捞或者解体清除，但是所采取措施应即通知沉船所有人，如果沉船所有人不明或者无法通知时，应当在当地和中央报纸上公告。

**第五条**　妨碍船舶航行、航道整治或者工程建筑的沉船，有关港（航）务主管机关应当根据具体情况规定申请期限和打捞期限，通知或公告沉船所有人。

沉船所有人必须在规定期限以内提出申请和进行打捞；否则，有关港（航）务主管机关可以进行打捞或者予以解体清除。

**第六条**　其他不属于第五条规定范围的沉船，沉船所有人应当自船舶沉没之日起1年以内提出打捞计划和完工期限，经有关港（航）务主管机关批准后进行打捞。

**第七条**　沉船所有人除遇有特殊情况向有关港（航）务主管机关申请延期并经核准外，在下列情况下即丧失各该沉船的所有权：

（一）妨碍船舶航行、航道整治或者工程建筑的沉船，在申请期限以内没有申请或者声明放弃；或者打捞期限届满而没有完成打捞；

（二）其他不属于第五条规定范围的沉船自沉没之日起1年以内没有申请打捞；或者完工期限已经届满而没有打捞。

**第八条** 有关港（航）务主管机关根据第四条规定所捞起的船体、船用器物、货物或者解体所得的钢材、机件等，在无法或者不易保管的情况下，可以作价处理。

沉船所有人自船舶沉没之日起1年以内，可以申请发还捞起的原物或者处理原物所得的价款，过期如不申请即丧失其所有权。

沉船所有人在领回原物或者价款时，应当偿还有关打捞、保管和处理等费用。

**第九条** 打捞和解体清除沉船必须经过批准，批准权限如下：

（一）500总吨以上或者300匹指示马力以上的沉船，由交通部批准；

（二）不满前项规定的沉船，由有关港（航）务主管机关批准，并由各该港（航）务主管机关依其行政系统分别报请交通部或者有关省人民委员会备案。

**第十条** 未经过批准，任何人都不得擅自打捞或拆除沉船。偶然捞获的沉没物资，应当送当地港（航）务主管机关处理，由各该机关酌情给予奖励。

**第十一条** 有修复价值而不严重妨碍航行安全的沉船，不得解体。申请解体沉船必须提出该沉船确无修复价值的可靠勘测资料。解体打捞或者清除机动船舶，不得在水下破坏主副机锅炉等物，应当尽量完整捞起，并经有关港（航）务主管机关鉴定后，才可以处理。

**第十二条** 全国各地沉船勘测工作，由交通部打捞专业机构负责进行，但是有关港（航）务主管机关因业务上的需要，也可以自行勘测。

其他机关、企业、个人必须经有关港（航）务主管机关批准才可以进行沉船勘测工作，并应将勘测结果抄送原批准机关。

**第十三条** 本办法经国务院批准由交通部发布施行。

# 9.海关对打捞沉船和货物的监管办法

（1958年4月30日对外贸易部、交通部发布）

**第一条** 从海上、国境河流和内河或者从沉没的国际航行船舶和来往香港、澳门的船舶上捞起的，和因船舶遇难而卸下或者抛置在岸上的外国货物（以下统称货物），以及从外国籍沉船上捞起的船体、钢材、机件等材料（以下统称材料），由海关按照本办法执行监管。

**第二条** 除本办法第六条规定的以外，其他任何人打捞的货物和材料，以及从遇难的国际航行船舶上卸下或者抛置在岸上的货物，都应当送交港（航）务主管机关处理。

**第三条** 港（航）务主管机关对接收他人送交的和自己打捞的货物和材料，应当在接收或者打捞完毕的时候，立即通知当地或者附近的海关，并且提交清单一份，列明货物和材料的名称、规格、数量（或者重量）和存放场所。在处理这些货物和材料的时候，港（航）务主管机关应当通知上述海关，非经海关放行，不准交付提取。

**第四条** 由港（航）务主管机关作价处理的货物和材料，免领进口许可证，并且按照下列规定办理：

（一）无人认领和已经丧失所有权的货物和材料，经港（航）务主管机关通知海关后，由海关免征关税和代征的税款，并且发给放行证件。变卖所得价款应当在扣除变卖、打捞、奖励、搬运、保管等费用后由港（航）务主管机关上交国库；

（二）因无法或者不易保管先行作价处理、限期由沉船所有人或者货主申请发还价款的货物和材料，在港（航）务主管机关代纳关税和海关代征的税款后由海关发给放行证件。如果变卖所得价款在扣除变卖、打捞、奖励、搬运、保管等费用后不足交纳税款，不足的部分可以由海关豁免。

**第五条** 由港（航）务主管机关发还给沉船或者货物所有人的货物和材料，按照下列规定办理：

（一）进口的，由货物或者材料所有人按章向海关交验进口许可证，并且在交纳应征的税款后，由海关发给放行证件；

（二）复运出口的，应当由货物或者材料所有人向海关申请发给放行证件，凭以装运出境；

（三）声明放弃的，由海关变卖。

以上（一）（二）两项的货物和材料，应当由货物或者材料所有人在港（航）务主管机关通知发还之日起两个月（行李四个月）内向海关办完规定的手续，过期由海关变卖。

海关变卖货物和材料所得的价款，在依次扣除变卖和保管费用后，余款上交国库。

**第六条** 港（航）务主管机关批准沉船所有人自行打捞货物和材料的时候，应当同时通知当地或者附近的海关。沉船所有人应当在开始打捞前将准备存放捞起的货物和材料的仓库场所向海关报明，取得海关同意，并且在打捞完毕的时候，立即编制清单一份，列明货物和材料的名称、规格、数量（或者重量），经仓库、场所负责人会同签字后，送交海关。这项货物和材料应当按照第五条的规定办理，非经海关放行不准交付提取。

**第七条** 海关认为必要的时候，可以派员查验这些货物和材料，并采取适当的方法进行监管。

**第八条** 本办法自1958年6月1日起实施。

## 10.中华人民共和国非机动船舶海上安全航行暂行规则

（1958年3月17日国务院全体会议第七十三次会议批准
1958年4月19日交通部、水产部发布　自7月1日起施行）

**第一条**　凡使用人力、风力、拖力的非机动船，在海上从事运输、捕鱼或者其他工作，都应当遵守本规则。

在港区内航行的时候，应当遵守各该港港章的规定。

**第二条**　非机动船在夜间航行、锚泊的时候，应当在容易被看见的地方，悬挂明亮的白光环照灯一盏。如果因为天气恶劣或者受设备的限制，不能固定悬挂白光环照灯，必须将灯点好放在手边，以备应用；在与他船接近的时候，应当及早显示灯光或者手电筒的白色闪光或者火光，以防碰撞。

非机动船已经设置红绿舷灯、尾灯或者使用合色灯的，仍应继续使用。

**第三条**　非机动渔船，在白昼捕鱼的时候，应当在容易被看见的地方，悬挂竹篮一只，当发现他船驶近的时候，应当用适当信号指示渔具延伸方向；使用流网的渔船，还要在流网延伸末端的浮子上，系小红旗一面；在夜间捕鱼的时候，应当在容易被看见的地方，悬挂明亮的白光环照灯一盏，当发现他船驶近的时候，向渔具延伸方向，显示另一白光。

**第四条**　非机动船在有雾、下雪、暴风雨或者其他任何视线不清楚的情况下，不论白昼或者夜间，都应当执行下列规定：

（一）在航行的时候，应当每隔约1分钟，连续发放雾号响声（如敲锣、敲梆、敲煤油桶、吹螺、吹雾角、吹喇叭等）约5秒钟；

（二）在锚泊的时候，如果听到来船雾号响声，应当有间隔地、急促地发放响声，以引起来船注意，直到驶过为止；

（三）在捕鱼的时候，也应当依照前两项的规定执行。

**第五条**　两艘帆船相互驶近，如有碰撞的危险，应当依照下列规定避让：

（一）顺风船应当避让逆风打抢、掉抢的船；

（二）左舷受风打抢的船应当避让右舷受风打抢的船；

（三）两船都是顺风，而在不同的船舷受风的时候，左舷受风的船应当避让右舷受风的船；

（四）两船都是顺风，而在同一船舷受风的时候，上风船应当避让下风船；

（五）船尾受风的船应当避让其他船舷受风的船。

**第六条**　在航行中的非机动船，应当避让用网、曳绳钓或者拖网进行捕鱼作业的非机动渔船。

**第七条**　非机动船应当避让下列的机动船：

（一）从事起捞、安放海底电线或者航行标志的机动船；

（二）从事测量或者水下工作的机动船；

（三）操纵失灵的机动船；

（四）用拖网捕鱼的机动船；

（五）被追越的机动船。

**第八条**　非机动船与机动船相互驶近，如有碰撞危险，机动船应当避让非机动船。

**第九条**　非机动船在海上遇难，需要他船或者岸上援救的时候，应当显示下列信号：

（一）用任何雾号器具连续不断发放响声；

（二）连续不断燃放火光；

（三）将衣服张开，挂上桅顶。

**第十条**　本规则经国务院批准后，由交通部、水产部联合发布施行。

# 11.石油合理运输办法

（1959年2月24日商业部、铁道部、交通部制定
1959年2月24日国家经济委员会批准）

**第一条** 为了提高汽油、煤油、柴油的产、运、销工作的计划性，消灭对流、重复、倒流及缩小过远等不合理运输，节约国家运输力，合理的使用各种运输工具，减少商品流转费用，特制定本办法。

**第二条** 凡国营石油厂、矿生产的和国外进口的汽油、煤油、柴油，在铁路、沿海、长江运输时，均依照本办法规定的合理运输流向①办理。

军用及航空用油，因情况特殊，不受本办法限制。

**第三条** 各用油单位直接从生产厂矿提运上述油料时，亦适用本办法。

**第四条** 在进口、生产或用油情况发生变化，需要超出规定流向进行运输时，必须向承运部门提出“石油超出规定流向运输许可证”（以下简称许可证）。

属于中央各部运输的部分，由各部提出“石油超出规定流向运输申请书”送交商业、铁道、交通三部联合审批；属于地方运输的部分，由地方托运部门提出“石油超出规定流向运输申请书”，由省、市、自治区人民委员会审批。

**第五条** 本办法规定的流向，如因情况变化，必需修改时，由

---

① 汽、煤、柴油合理运输流向表从略。

商业部会同铁道部、交通部共同研究修正。

**第六条**　本办法由铁道部、交通部、商业部会商拟订，报国家经济委员会批准，于1959年4月1日起实行。

# 12.木材分区产销平衡合理运输办法

（1959年2月23日林业部、铁道部、交通部制定
1959年2月24日国家经济委员会批准）

**第一条** 为了加强木材产、运、销工作的计划性，消灭对流、重复、倒流及缩小过远等不合理运输，节约运输力，合理利用各种运输工具，特制定本办法。

**第二条** 凡经由铁路运输及水路运输的一般用材（原木、原条、成材、胶合板材）和特种用材的坑木、造纸材，均按本办法办理。运输的合理流向，按本办法附件“木材合理运输基本流向图”①的规定执行。由于森林资源及目前生产条件关系，下列几项木材不受此限：

（一）特种用材中的电柱、车辆材、造船材、桩木、枕木、交手杆、木柴材、纺织机器用材等（但不准许对流）；

（二）科学试验用材；

（三）主要出口木材；

（四）经省区以上的林业部门注明代替特种用材使用的和其它有特殊用途的一般材。

**第三条** 木材产区的各省（区）内用木材，可由各该省（区）计划委员会，或省经济委员会根据合理运输的原则，按照本办法规定的基本流向图中同品种木材的顺流方向，自行拟定本省（区）内用材的具体合理流向及办法报铁道部、交通部和林业部审批。

**第四条** 中央各部、委、行，各省（市）自治区计委，在汇总

---

① 木材合理运输基本流向图从略。

提报木材申请供应明细表和接到林业部木材订货通知书后，对所属单位进行内部分配时，均应按照本办法规定的流向（木材产区各省、自治区内的用材，按省、自治区内用材流向）进行具体平衡。如有违反合理流向者，应先在本系统内进行调剂，无法调剂时，由各用材部门列具详细品种规格、数量、用途、到站及理由书，提请林业部审批调整。否则林业部有权不予分配供应。

**第五条** 各级林业部门在进行木材平衡分配或订货时，必须按照本办法规定的流向或木材产区的省（自治区）内用材流向，确定供货地点，并对各用材部门所申请违反合理流向的木材尽量加以调剂。无法调剂时，始得超出规定流向进行分配，并由林业、铁道、交通三部联合开发“木材不按规定流向运输许可证”（以下简称“许可证”）。

**第六条** 供需双方签订具体合同后，由于需方计划不周，要求变更到站，发生不合理运输时，亦按第四、五条办理；

国家储备木材的紧急动用或轮换调出如超出规定流向运输时，属于动用储备者，由国家物资储备局请林业部、铁道部、交通部联合开发许可证；属于轮换调出者，由林业部按本办法规定的流向分配调拨；

各用材部门动用库存木材、基建剩余木材以及内部调剂的存材，发生重复运输时，无论是否合乎流向规定，均应由用材主管部门开具证明，报请存放木材之当地省（市）自治区计划委员会审批。如有违反流向运输者，在省范围内的，由省（市）自治区计委就地设法调剂，或开发许可证。运出省外的，则将审批后的证明提交林业部调剂。如无法调剂时，再由林业、铁道、交通三部联合开发许可证；

木材产区的省（自治区）内用材，如有违反本办法规定流向者，应由各省林业厅汇总报请林业部与外省调换供应。凡经调换者，供应省应予保证，运输部门应优先配车。如因品种、规格，确无法调换代替时，则由林业、铁道、交通三部联合开发许可证。

**第七条** 各托运单位应按规定流向编制运输计划，并填明材种

（按国家产品目录填写）发到地点、数量、需用车皮数等按时提交铁路、交通部门。托运不按规定流向运输的木材，无论属于计划内或计划外的，均须同时提交“许可证”。

**第八条**　承运部门，应按本办法严格审查各单位的托运计划，如有不合理运输又无“许可证”者，应要求林业部调整，必要时可拒绝承运。

**第九条**　本办法在执行期间，如因产销情况发生变化，必须变更规定流向时，由林业部、铁道部、交通部共同研究修改。

**第十条**　本办法自1959年4月1日起实行。前木材分区产销平衡合理运输办法及流向图随即废止。

# 13. 原盐合理运输办法

（1959年2月23日轻工业部、交通部、铁道部制定
1959年2月24日国家经济委员会批准）

**第一条** 为提高原盐生产与运销方面的计划性，促进生产与运销的平衡，保证民食、基本化学工业、渔业、耕畜及出口用盐的需要，消灭对流、倒流、重复、缩小过远等不合理运输，降低商品流转费用，合理使用各种运输工具，根据国务院批转国家经委“关于进一步推行分区产销平衡合理运输制度的意见”制定本办法。

**第二条** 中央有关各部及各省、市、自治区所属企业，办理原盐运输时，均应依照本办法的规定编制原盐运输计划。

再制盐、洗涤盐、川花盐（代替再制盐）不受本流向图①的限制。

**第三条** 在保证供应的原则下，由轻工业部根据原盐生产、储备及供需情况，分别不同盐种、运输工具，制定原盐分区产销平衡方案，并按下列分工制定合理运输流向图。

（一）以轻工业部为主，吸收铁道、交通两部拟定经由铁路及北洋沿海、长江干线运输原盐的合理运输基本流向图，报国家经济委员会批准。

（二）各省、市、自治区经营原盐运销业务的机构应会同地方交通厅（局），根据基本流向图拟定经由浙、闽、华南沿海、内河、公路、及其他民间运输工具运输原盐的合理流向图，报各省人民委员会批准执行，并抄报轻工业部。

---

① 1959年原盐分区产销平衡合理运输基本流向图从略。

**第四条** 在执行期间，如因生产、运输或供需情况发生变化，规定流向须作变动时，由轻工业部会同铁道、交通等有关部门协商解决。

**第五条** 原盐合理运输流向图一经批准，即应严格贯彻执行。超出规定流向图范围时，应予调整剔除。特殊情况按下列规定办理：

（一）凡出口、工业或科学研究的化验、试验以及医疗（包括供应患甲状腺肿地区所需海盐）必需盐种，报轻工业部会同铁道、交通部加以批准。

（二）紧急供应军队、灾区工业生产和市场急需，必须临时调剂的原盐，可经轻工业部或省、市、自治区人民委员会批准。

（三）前列超出规定流向的运输，必须在运输计划执行月的二十五天以前，将“原盐超出规定流向运输申请书”分别报送上级审批；审查同意后，批发“原盐超出规定流向运输许可证”，据此提出运输计划。如当月不能解决时，可凭许可证，列入下月计划办理。

（四）各省、市、自治区托运盐的单位，对上项超出规定流向运输，按月进行检查，编制“原盐超出规定流向运输统计表”报送轻工业部（并抄报有关上级领导单位），由轻工业部汇总送铁道、交通部并报国家经济委员会备案。

**第六条** 为避免重复运输，除本流向图规定的发站（港）外，其他站（港）不得办理托运。如因临时调剂市场需要，必须装运时，应按第五条（二）款办理。

**第七条** 铁道部、交通部及其所属单位，对未经批准的违反本办法规定的一切不合理运输，应请轻工业部调整，必要时拒绝承运。

**第八条** 本办法的修改权和解释权属于轻工业部。

**第九条** 本办法经国家经济委员会批准后，自1959年4月1日开始执行。

# 14. 煤炭合理运输办法

（1959年2月21日煤炭工业部、铁道部、交通部制定
1959年2月25日国家经济委员会批准）

**第一条** 为提高煤炭在生产、分配、供应、运输等方面工作的计划性，促进工业生产的合理分布，基本上消灭对流的、重复的、倒流的不合理运输，并逐步减少远距离运输的现象，缩短运输距离，节约运输力，合理地使用各种运输工具，减少商品流转费用，特制定本办法。

**第二条** 凡经铁路、沿海、长江运输的煤炭，均应按照本办法的规定办理。

**第三条** 全国主要煤矿的煤炭合理运输基本流向，由煤炭工业部会同铁道部、交通部提出方案，报经国家经济委员会批转实行。其他煤矿的煤炭合理运输流向，应当根据合理运输的原则并按照经委批转的基本流向表规定的附近同种煤的顺流方向，由各该省、市、自治区计划委员会或经济委员会制定，报煤炭工业部、铁道部、交通部审查批准。

**第四条** 各用煤单位需用的煤炭，凡经铁路、沿海、长江运输者，均须按本办法第三条规定编制煤炭申请计划。中央各部及各省、市、自治区应对其所属单位的煤炭申请计划进行严格审查，如有不符合本办法规定者，应在本系统内进行调剂；内部确实无法调剂而又确属必要者，由用煤单位的主管部门（中央各部及各省、市、自治区的煤炭托运部门）将其用煤列具详细煤种、规格、质量、数量、用途及理由书，报煤炭工业部、铁道部、交通部审批，对于违反合理流向的煤炭，煤炭工业部有权调整或者不予分配。

**第五条** 煤炭工业部、铁道部、交通部对于中央各部和各省、市、自治区提出的违反合理流向的煤炭申请计划，应组织有关单位研究，尽量调剂解决，若无法调剂又确实必要者，始得超出规定进行调运，并批发“煤炭超出规定流向运输许可证”。

**第六条** 超出规定流向运输的申请程序和审批权限；

（一）超出规定流向运输的煤炭，属于国家经济委员会批转的基本流向表范围内的煤矿供应者，中央各部直属企业用煤，由其主管部向煤炭工业部、铁道部、交通部申请；地方企业及人民生活用煤，由各该省、市、自治区的用煤主管部门向煤炭工业部、铁道部、交通部申请批准。由三部发给“煤炭超出规定流向运输许可证”。

（二）超出规定流向运输的煤炭，属于各省、市、自治区计划委员会或经济委员会规定基本流向表范围内的煤矿供应者，按下列规定办理：用煤单位和供应煤的煤矿在一个省范围以内的，由用煤单位所在地的省、市、自治区计划委员会或经济委员会批准，并发给“煤炭超出规定流向运输许可证”，同时抄送国家经济委员会和煤炭工业部、铁道部、交通部各一份备查。用煤单位和供应煤炭的煤矿不在一个省范围以内的，中央各部直属企业用煤，由其主管部向煤炭工业部、铁道部、交通部申请；地方企业及人民生活用煤，由各该省、市、自治区的用煤主管部门向煤炭工业部、铁道部、交通部申请批准。

**第七条** 凡属超出规定流向运输的煤炭，各单位在向铁路或交通部门办理托运时，必须向各该运输部门提出“煤炭超出规定流向运输许可证”。否则，站、港一概不得承运。

**第八条** 本办法自1959年4月1日起实行。前中央人民政府政务院财政经济委员会公布自1954年8月份起试行的煤炭分区产销平衡合理运输暂行办法，随即废止。

# 15. 铁矿石产销平衡合理运输办法

（1959年2月28日冶金工业部、铁道部、交通部制定
1959年3月3日国家经济委员会批准）

**第一条** 为了合理地使用国家运输工具，消灭对流、倒流、重复和缩减过远等不合理运输，特根据产运销情况，制定本办法。

**第二条** 本办法所规定的运输路线（铁路、水运）和流向，适用于冶金工业部直属企业和全国各省、市、自治区所属企业生产的铁矿石（粉），但化验用矿样除外。

**第三条** 各省、市、自治区冶金厅（局）应吸收交通运输部门，根据本办法规定的基本流向①，制定本省、市、自治区的铁矿石（粉）合理运输流向，经本省、市、自治区人民委员会审批。

**第四条** 不能按照中央或各省、市、自治区规定的运输路线和流向运输时，省间的由冶金部进行调整，不能调整时再由冶金、铁道、交通三部联合审批；省内的由省内进行调整，不能调整时，再由省、市、自治区经委或计委审批，并发给“不合理运输许可证”。

**第五条** 各单位应按照本办法规定的运输路线和基本流向编制铁矿石（粉）托运计划，并在要车（船）计划表内，填明铁矿石种类（高炉铁矿石、平炉铁矿石、铁矿粉、化验用矿样），按时送交有关铁路或水运部门。

**第六条** 铁路与水运部门应按照本办法严格审查各托运单位的铁矿石（粉）托运计划，对违反合理流向的运量，如无“不合理运

① 基本流向表从略。

输许可证”，则不予承运。

**第七条** 本办法的解释及修改，由冶金部、铁道部和交通部共同商定。

**第八条** 本办法自1959年4月1日起实行。

# 16. 水泥合理运输办法

（1959年3月2日建筑工程部、铁道部、交通部制定
1959年3月3日国家经济委员会批准）

**第一条** 为提高水泥生产、运输、销售工作的计划性，合理使用水泥资源，促进生产力的合理分布，坚决消灭对流、倒流、重复和逐步减少过远等不合理运输，特根据产、运、销的具体情况，制定本办法。

**第二条** 凡中央统一平衡、分配、订货的水泥，经由铁路（整车）及水路运输时，均按照本办法及基本流向图[①]办理（新疆、云南、四川、贵州除外）。

非中央统一平衡、分配、订货的水泥，由各省、市、自治区根据本基本流向图，制定具体流向，报省、市、自治区人民委员会批准执行。

**第三条** 根据合理运输就地取材的原则，对水泥的品种、标号、流向，及市内短距离运输的办法，规定如下：

（一）矿渣四百号、火山灰四百号、页岩四百号水泥，在使用范围上，除特殊工程有一定限制外，一般工程都可互相代替使用，因此规定一个合理流向。

（二）普通四百号、五百号、混合四百号及中低标号水泥（二百号、三百号）及特种水泥，在未规定合理流向以前，由建筑工程部按月掌握平衡，但同品种、同标号水泥不能对流运输。

---

① 水泥合理运输基本流向图从略。

（三）从琉璃河到北京、从龙潭到南京及上海市市区的水泥运输，看作市内运扳，不受本流向限制。

**第四条** 各用货部门，在水泥分配订货时，应对所属单位的水泥订货计划，按照规定流向进行严格审查，如发现有不符合本办法的运输，应在本系统内进行不同品种、标号的代用，无法代用而又确属必要者，应提出理由书报送建筑工程部审核调剂；建筑工程部亦无法调剂时，由建工、铁道、交通三部核发许可证。三部组成的联合办公室，应积极参加订货会议，协助解决不合理运输。

**第五条** 凡因临时分配、变更到站（港）而引起的不合理运输，属于各省、市、自治区范围内的，由省、市、自治区进行调剂或核发许可证。属于中央各部门所属单位的，应首先在本系统内进行调剂，如无法调剂时，送交建筑工程部审核调剂；无法调剂时，由建工、铁道、交通三部联合审批。

**第六条** 调整及拨货、拨车（船）顺序：

（一）在编制月度运输计划时，对不合理运输的水泥，由建工部进行调整。

（二）经调整的水泥，各水泥厂应优先拨货，铁道、交通两部，应优先拨车（船）给予运输。但在拨货、拨车（船）的顺序上，要贯彻先重点后一般的原则。

（三）调整后的水泥，以合同变更通知书（附后①）实行调厂供应。水泥变更通知书与合同具有同等效力，供需双方必须严格执行，银行凭此划拨清算，办理托收承付手续。

（四）调整后的水泥，在运杂费上发生增加或减少时，均由需要单位承担。各单位应根据全国一盘棋的精神，从国家整体利益出发，不得因运费增加而拒绝履行合同。

**第七条** 各托运单位应当按照规定的产销范围及流向，编制运输

① 水泥合同变更通知书从略。

计划，并注明水泥的品种、标号，在向上级领导机关报送运输计划的同时，提交当地有关铁道、交通部门各四份。凡托运违反流向的水泥，无论计划内或计划外，均须提交许可证。如因生产或配车等影响未完成月度送货计划时，要按时补报计划，而许可证继续有效。

**第八条** 建工、铁道、交通部应按本办法严格审查各托运单位提出的运输计划。运输部门对未附许可证的一切不合理运输，无论计划内或计划外，都有权拒绝承运。

**第九条** 水泥合理运输办法及基本流向图，由建工、铁道、交通部联合制定并报经委批准。如因季度产销情况变化（包括生产厂大检修及需要方面的显著变化）必须改变流向时，由建筑工程部召集铁道、交通两部共同研究调整解决。

**第十条** 本办法于1959年4月1日起实行。

# 17.交通部、水产部、农业部、农垦部、公安部关于城市交通规则的补充规定（草案）

（1959年9月7日发布试行）

根据工农业发展的新情况和保障交通运输安全的需要，特将公安部1955年8月19日发布的“城市交通规则”作如下补充规定。

## （一）对汽车驾驶员的规定

（1）汽车驾驶员必须符合规定的技术标准，驾驶作风良好。不符合技术标准或者经常发生违章事故的，应当停止驾车，经过训练教育，复验合格以后，再发给驾驶执照。

（2）新驾驶员必须由车辆管理部门按照标准严格考试，合格后，发给实习驾驶执照，实习期为六个月，期满后，经由车辆所属单位鉴定，报经车辆管理部门审定合格的，发给正式执照。

汽车学校或正规训练班，经过车辆管理部门核定，并在车辆管理部门监考下，可以自行考试驾驶员。

（3）凡持有军队技术等级一至五级证明的军队转业驾驶员，经过交通规则考试合格后，换发地方驾驶执照。不符合技术标准的，要在复验合格后才发给驾驶执照。

军队技术等级在六级以下的，按新驾驶员的考试办法办理。

（4）没有驾驶执照的人员，严禁开车。

## （二）关于机动车的行驶速度

（1）小型汽车、机器脚踏车每小时的最高行驶速度不得超过六十公里；大型汽车不得超过五十公里；电车不得超过四十公里。

遇有行驶中喇叭发生故障或下雨、下雪雨刷器发生损坏，每小时最高行驶速度不得超过十五公里。制动器和夜间行车中灯光中途发生故障，必须修复后才准行驶。

城市交通规则第三十八条、第四十条关于时速的有关规定不再执行。

（2）运输部门规定的运行时间、运行车次，超过安全行驶速度的，应予修改。

### （三）关于汽车拖带挂车的规定

（1）挂车的构造，各部机件必须坚固完整，连接装置（牵引钩、连接保险链）必须牢固，宽度不得超过牵引车的宽度（拖拉机不在此限）。

新制造的货车挂车，必须安装制动器、防护网和标杆。现有货车挂车缺乏上述设备，应当迅速装设。客车挂车缺乏制动器和防护网的，在未装设以前应当停止使用。

最后一辆挂车的后端，要悬挂牵引车的号牌，并装置尾灯。

（2）拖带挂车的数量，客运汽车只准拖挂一辆，货运汽车要根据各地具体情况，由运输部门和公安机关提出意见报请党委或人委确定拖挂数量。

极易发生事故的地区，不准拖带挂车。

（3）汽车拖带挂车每小时最高行驶速度，不得超过三十五公里。

（4）货运汽车拖带的挂车内，不准乘人。

（5）拖带挂车的汽车驾驶员，应当技术熟练，具有一定的驾驶经验。新驾驶员在实习期内，不准拖带挂车。

### （四）对从事运输的拖拉机的规定

（1）拖拉机必须设置喇叭、灯光、方向标等设备，制动器必须灵敏有效，并经检验合格发给牌照，才准行驶。

（2）行驶在城区的拖拉机，只准拖带一辆挂车，郊区不得超过二辆，并须遵守拖带挂车的有关规定。

拖拉机拖带的挂车，不准专门使用运输旅客。

（3）拖拉机拖带挂车每小时最高行驶速度，不得超过二十公里。

（4）驾驶员必须经过行车驾驶技术（须拖带挂车）和交通规则的考试，合格后签注驾驶执照，才准参加运输。

持有汽车驾驶执照的驾驶员，只准驾驶轮胎式拖拉机。拖拉机驾驶员不准驾驶汽车。

## （五）关于货运汽车的规定

（1）货运汽车不得超过行车执照上所规定的载重量。如果需要提高载重量，必须经过车辆管理部门的重新核定。

（2）货运汽车所载货物，必须注意装载牢固。随车人员要选择安全的位置乘坐，并严禁在车辆行驶时扒车、跳车。

（3）载人的货运汽车，各部机件必须绝对完好，车厢牢固，并须经过车辆管理部门检验批准。

（4）载人的货运汽车驾驶员，必须具有良好的驾驶作风，有二年或三万公里以上的安全驾驶记录，并经车辆管理部门审核批准的。

（5）载人的货运汽车，每小时最高行驶速度不得超过三十公里。

（6）货运汽车载人时，每车要指派一至二人负责维持乘车秩序。车厢高度不足一公尺的，不准站立车中。行至容易发生事故的危险地段，乘车人应当临时下车。

## （六）关于车辆的检修保养

（1）各有车单位，必须建立与健全车辆的检修保养制度，并严格贯彻执行。对于机件失灵容易发生事故的车辆，在没有修好以前严禁使用。

（2）车辆的年度检验，必须在“自检”的基础上坚持执行，并须加强领导，防止自流。

## （七）关于自行车的规定

（1）必须严格遵守交通指挥，在遇有直行信号时，严禁向左转弯。（此条亦适用于其它非机动车）

（2）自行车在拐弯时，要伸手示意，向右拐伸右手，向左拐伸左手。

（3）自行车不准带人，不准走快车道，不准在左侧逆行，严禁互相追越或与机动车抢行。不准在马路上学骑自行车。

（4）自行车的闸、灯、铃必须齐全，夜晚骑车必须点灯。

## （八）对交通违章、事故的处理

对于交通违章行为，一般不进行处罚。但是，应当严加检查，教育纠正。各机关、团体、企业、部队、学校的人员违章情节严重，或不听劝阻的，除当面批评教育外，应当填写违章通知书，通知所属单位教育处理。对于少数经常有违章行为，屡教不改，情节恶劣的人员或有迫使纵容非驾驶人员开车，以及迫使纵容驾驶员驾驶机件失灵的车辆等违章行为的人，应当严肃处理。

上述各项补充规定，发给你们试行。各地可结合当地实际情况，制订具体实施办法，报请省、市人民委员会批准施行。

# 18. 交通部直属企业轮船旅客、行李和包裹运输规则

（1959年8月5日发布　自1959年10月1日起实行）

## 总　则

**第一条**　中华人民共和国交通部直属企业的轮船，在本国沿海和长江沿线载运旅客、行李和包裹适用本规则。

**第二条**　载运旅客的轮船应当按照乘客定额载运乘客，并应有安全航行能力，配备必要的救生、消防设备和供旅行中必需的设备和供应品。

**第三条**　承运人应当在港口客运站设立的问询处和在市内设立的售票所公告下列事项：

（一）本规则；

（二）客票价目表；

（三）行李、包裹运价表；

（四）航线里程表；

（五）旅客注意事项；

（六）其他有关客运事项。

**第四条**　旅客上船地点、上船开船时间如有变更应当事先公告。（港口封冻或河流冰冻、枯水、洪水季节，应当先期公告停航和开航的日期。）

## 旅客运输

**第五条**　旅客应当照章购买客票，凭票面上所载日期船名航次、起止地点和席位乘船。

承运人应当按照客票供给席位，否则应当退还全部票款，如征得旅客同意掉换其他等级时，票价差额多退少补。

**第六条** 轮船开航前，遇有下列情事之一，承运人可以拒绝旅客乘船，如经旅客要求证明时，应当出具证明：

（一）旅客不遵守水运法令规章或扰乱公共秩序不听劝告；

（二）国务院或省（市）人民委员会命令以及天灾、事变停止运输；

（三）旅客精神失常或患有疾病足以危及本身或其他旅客。

**第七条** 旅客在船上发生疾病或意外伤害，承运人应当尽力照顾和救护，如果病势可能危及本身或其他旅客安全，船上又无医疗和隔离设备时，船长可以在有医疗设备的港口护送旅客上岸，并退还全程票价的差额。

轮船发生事故使旅客遭受伤害或死亡时，承运人应当速将受伤旅客送往医院救治，死亡旅客时应当会同当地有关机关处理。

**第八条** 儿童票按下列规定收费：

（一）不超过五周岁免费；

（二）超过五周岁不超过十周岁，半价收费，供给席位；

（三）超过十周岁全价收费；

（四）每一成年旅客可携带免费儿童两人，不另供席位（如需另占席位应当半价收费），超过两人时半价收费供给席位。

**第九条** 无票乘船或冒用废票，除照补从上船港至到达港全程客票外，并加收从上船港至发现后的前方港一倍的票价，无法证明上船港时，从本船始发港起算。

旅客上船后遗失客票如能取得证明不作无票乘船论，不再补票，如不能证明时，照原价补票，但在离船前寻获客票时，应退还全部补票价款。

**第十条** 旅客买票后要求退票按下列规定办理：

（一）一般旅客退票应当在轮船开航十五分钟以前，向客运站办理，每张客票交付退票手续费一角；

（二）团体客票退票，应当在轮船开航二十四小时以前，向原售票处所办理退票手续，并交付退票手续费五角；

（三）旅客在轮船开航前或中途离船未能按时上船，经客运站在原客票上签证可以乘坐下一航次轮船；

（四）旅客在开航前或航行途中发生急病、死亡，或因国务院或省（市）人民委员会的命令中止乘船时，应当退还全程票价减去已乘里程票价的差额。

**第十一条** 旅客在航行途中要求升换客票等级按前一驶出港起算加收等级差额，自愿降等乘船不退差额。

旅客在航行途中要求延长行程，应当补购从原到达港至新到达港的客票。

**第十二条** 公教人员、学生、人民团体等，人数满三十人在同一起运港乘船和在同一到达港下船并有证明文件，可以购买团体客票，按票价九折优待。

## 行李、包裹运输

**第十三条** 旅客随身携带行李、自用品免费重量为三十公斤，儿童半票为十五公斤，超过免费重量，凭客票按行李托运，托运行李随旅客同船运送。

托运行李包括：衣服、被褥及生活用品的箱、包、篮、袋，及小型家具、交具、炊具、儿童用具、室内陈设品、残废人坐车、缝纫机、自行车、小量食品、乐器、文艺团体的小型道具、衣箱等等。

**第十四条** 需要急运的物品或商品按包裹托运。贵重的行李、包裹可以按报价托运。

**第十五条** 托运的行李、包裹，每件重量不可大于七十五公斤，体积不可超过零点五立方米，每人托运的行李不可超过二百公斤，超过时应当按包裹托运。

**第十六条** 下列物品不可以按行李、包裹运输，也不可以自行携带：

（一）爆炸品、易燃品、自燃品、易腐品、有毒物品、腐蚀性物品、有嗅味物品，可损及其他行李、包裹的物品；

（二）动物、植物（小量家禽、家畜、花卉经承运人同意的除外）（科学研究机关、防疫机关或文艺工作者所必需携带并商经承运人同意的除外）；

（三）尸体、尸骨（尸骨灰除外）；

（四）违禁品、禁运品。

**第十七条** 托运人的行李、包裹经承运人同意由旅客自行看管的，应当在行李、包裹票上盖“自理”戳记，按照船员指定地点存放，如有短损，除由于承运人应负责的行为所致外，由旅客自行负责。

**第十八条** 旅客凭客票托运行李。托运包裹时应提出托运单，托运单内容包括：品名、包装种类、件数、到达港、托运人和收件人姓名地址。

**第十九条** 托运的包裹必需包装完整，并拴挂标签，以保护物品的完好和避免错交错运。

**第二十条** 承运行李包裹应照规定收取运杂费，并填制行李票或包裹票。承运行李时，应当在客票上加盖“行李”戳记。

**第二十一条** 行李票、包裹票应当列明下列事项：

（一）填制日期；

（二）起止港；

（三）包装种类、件数、重量；

（四）运杂费用；

（五）托运人和收件人姓名地址（包裹票用）；

（六）客票号码（行李票用）。

**第二十二条** 承运人对于托运的行李、包裹认为内容与所报不符时，应当请托运人自行开装会同检查。

**第二十三条** 自承运人填发行李、包裹票据时起，至到达港交付时止，应当对件数、重量和物品完好负责，如果包装完整内容不符，又无法证明是承运人所造成的，承运人免除责任。

**第二十四条** 行李、包裹在装船以前托运人要求取消托运，运费退还，杂费不退，并另收手续费一角。

**第二十五条** 包裹冒按行李托运，应按照运费差额加倍补收运费。

**第二十六条** 承运人应当凭行李票、包裹票交付行李、包裹。如果收件人遗失票据，可提出声明和证明提取行李、包裹。如果声明以前已被人凭票提走，承运人不负责任。

**第二十七条** 包裹运至到达港，承运人应当用到达通知书或其他方法通知收件人。

**第二十八条** 行李自运至到达港时起，包裹自通知发出后的次日零时起，承运人免费保管二十四小时，逾期核收保管费。

行李保管超过三十天无人提取，应即公告招领，再过三十天仍无人提取，即作无法交付处理。

包裹保管超过五天无人提取，应即书面通知托运人，再过六十天未接托运人答复，也无人提取，即作无法交付处理。鲜活和易腐物品应及时处理。

**第二十九条** 无法交付的行李、包裹按下列规定处理：

（一）军用品、历史文物、违禁品无价移交当地主管机关；

（二）一般物品作价移交当地主管机关企业；

（三）无法移交的物品报请当地政府指示处理。

作价移交所得价款先付清各项费用，余款由到达港代为保管，超过一百八十天无人领取即拨缴国库。

## 赔偿和时效

**第三十条** 到达港交付行李、包裹，如果发现灭失、毁损时，应当编制商务纪录交给收件人，作为赔偿要求的依据。

行李超过运到期限十天，包裹超过二十天没有交付作为已经灭失。

**第三十一条** 行李、包裹发生灭失、毁损时，承运人应当按下列标准赔偿：

（一）灭失时按灭失物品的价格赔偿；

（二）毁损时，按毁损前后的价格差额赔偿；

（三）赔偿最高额每公斤为五元；

（四）报价的行李、包裹按报价赔偿。

不能确定价格时，可邀请鉴定人鉴定。

**第三十二条** 由于下列原因使行李、包裹遭受灭失、毁损，承运人不予赔偿：

（一）自然灾害；

（二）物品本身的自然变质；

（三）托运人或收件人所应负责的原因；

（四）国务院或省（市）人民委员会命令；

（五）军事行动；

（六）其他不是承运人所应负责的原因。

**第三十三条** 行李、包裹赔偿要求的时效为一百八十天，过期即行失效。

要求时效的起算如下：

（一）行李、包裹全部灭失，自承运人通知之日或行李超过运到期限十天，包裹超过二十天的次日零时起算。

（二）部分灭失和毁损，自交付之日起算。

承运人审核赔偿要求的时间不计算在时效期限以内。

**第三十四条** 承运人应当从接到行李、包裹赔偿要求书日起六十天内答复要求人，赔偿的款额应自答复日起十天内付清。

**第三十五条** 要求人对承运人的答复不满意或超过六十天未接到答复，可向法院起诉。

## 19. 交通部、水产部、农业部、农垦部、公安部关于加强运输船、渡口船、渔船安全管理的规定（草案）

（1959年9月7日发布试行）

为了有效地加强运输船、渡口船、渔船的管理工作，确保生产运输的安全，特作如下规定：

**（一）** 各种运输船、渡口船、渔船，必须经过检验、丈量、核定航行（作业）区域和装载定额，发给航行证，才准参加航行。所核定的航行（作业）区域和装载定额，应在船舶明显处标示，以便监督。

运输船、渡口船、渔船变更航行（作业）区域和装载定额时，必须重新检验、丈量、核定。

**（二）** 各种运输船、渡口船、渔船，必须保持良好状态，并配备有必要的航行工具、安全设备和救生设备，不符合要求的，必须修理或添置后，才能使用，不堪修理的，应当停止使用。

**（三）** 运输船、渡口船、渔船，必须按照定额配备固定的船工。船工必须由政治可靠、身强力壮和熟悉驾船技术的人员担任。驾长应当经过考评，取得证件。

**（四）** 必须加强渡口、码头秩序的管理。渡口应当尽可能设在岸平水缓的地方，并应当在岸边建立简易码头或梯阶。渡口均应根据当地具体情况，制定过渡规则，在渡口两岸公告并广为宣传，以使船工、乘客共同遵守；渡口必须由交通部门设置专人或建立群众性的监督员，负责管理渡口秩序，监督安全航行。在节日、假期、集会等渡运任务繁忙的时候，公安机关或人民公社应当指派专人，加强渡口秩序的维持。

**（五）** 运输船、渡口船、渔船必须根据航行规章安全行驶。严禁超载、抢行、抢漕、抢越轮船和冒险航行等违章现象，夜间航行的船舶，必须按照规定设置明显的灯光信号。

**（六）**在湖泊和港湾船舶集中的地区，应当逐步建立简单的小型气象预报站，及时收听和传播风、雨、洪汛等情况预报。并根据需要，建立救护组织，配备救生船舶，加强水上救护工作。

**（七）**在枯水、洪水、冰冻、强风等季节，必须加强预防措施，如适当减低船舶的载重量和增加船工；容易发生危险的小船，应当停止渡运或生产。

**（八）**出海的渔船，必须事先对船只的技术条件、安全设备、船工的驾驶技术进行严格的检查，保证符合安全要求。

船只必须进行严密的编组，在船工中建立相应的安全组织，并切实加强气象预报的收听和传播，危险天气，应当禁止出海，或立即返航。

**（九）**安装机器的木帆船，应当执行机动船的有关管理规定。

（十）地方交通、水产、公安等有关部门，应当密切协作，加强对运输船、渡口船、渔船的安全管理工作。广泛地向群众开展安全教育，发动群众遵守安全管理规定，加强对船工的组织领导和业务技术训练，并认真追查、处理事故。在沿江、沿河、沿海、湖泊等船舶较多的地区，应当由有关部门组成安全生产委员会，负责对船舶安全管理工作的组织领导。

省、专、县交通部门和船舶较多的人民公社，应当设置专门机构或确定专人，负责运输船、渡口船、渔船的安全管理工作。

**（十一）**各省、市、自治区可根据本规定，结合当地具体情况，制订实施细则公布施行。

# 20.海损事故调查处理规则

（1959年9月19日交通部发布　自1959年10月15日起施行）

**第一条**　为了查明船舶发生海损事故的原因，吸取经验教训，及时采取措施，防止类似海损事故的发生，确保航行安全，并且尽可能帮助解决责任纠纷，特制订本规则。

**第二条**　船舶发生下列事故，造成财产和营业损失或者人身伤亡的，就是海损事故：

（一）触礁、触岸或者搁浅；

（二）碰撞或者浪损；

（三）失火或者爆炸；

（四）机件或者重要属具损坏或者灭失，影响船舶的适航性；

（五）遭遇自然灾害；

（六）造成水上或者水下建筑物或者设备的损害；

（七）沉没或者失踪。

**第三条**　船舶发生海损事故应当认真、及时调查处理。下列海损事故由港务局、处，未设港务局、处的地方由航务行政管理机关或者主管航务的交通行政管理机关（以下统简称为港航行政管理机关）负责调查处理：

（一）有责任纠纷的；

（二）港航行政管理机关认为必要由它调查处理或者经上级指定由它调查处理的；

（三）经船舶的所有人或者船长要求港航行政管理机关调查处理的。前款以外的海损事故，由船舶所有人自行调查处理，但是应当将调查处理的结果抄知有关机关。

**第四条** 根据第三条第一款的规定，海损事故调查处理工作由发生海损事故地点最近的中国港埠港航行政管理机关负责；但是有责任纠纷的海损事故，根据有关当事人的协议，并且经过上述机关的同意，也可以提请其他中国港埠的港航行政管理机关调查处理。

涉及二百总吨以上的机动船舶的海损事故，应当由专区、市级以上的港航行政管理机关调查处理。

港航行政管理机关在必要的时候，可以邀请有关机关的代表和专门人员组成临时性的委员会进行调查处理，也可以邀请有关当事人参加。

**第五条** 船舶发生海损事故，除应当用最迅速的方法向负责调查处理的港航行政管理机关提出扼要的报告外，并且应当在发生海损事故以后或者进入第一港埠的四十八小时以内，由船长或者驾长作成海损事故报告书一式两份（小木帆船驾长可以用口头报告，由港航行政管理机关作成纪录），报请港航行政管理机关调查处理。

港航行政管理机关收到海损事故报告书以后，对不属于自己调查处理的海损事故，应当进行初步调查，签注意见移送负责调查处理的港航行政管理机关。

船舶在国外发生海损事故到达外国港埠的时候，应当向驻该国的中国领事提出海损事故报告书，并且由中国领事签证。

**第六条** 海损事故报告书的内容应当包括：海损事故发生的时间、地点、详细经过情况（包括抢救措施）、原因和损害，并且应当有当时在船的船员或者旅客（至少二人）的证明。如果在作成海损事故报告书的地点没有上述船员或者旅客，不在此限。

**第七条** 海损事故报告书应当附送下列材料（小型船舶可以酌情减免）：

（一）有关船舶技术状态的记载；

（二）航行日志和机舱日志的摘录（海损事故在下午发生的，从当天零时起摘录，在零时到十二时发生的，从前一天十二时起摘录），必要的时候还应当附送原航行日志和机舱日志；

（三）发生海损事故地区的有关海图，除应当将原在海图上所作的航线、船位等记录保留外，并且应当将船舶发生海损事故以前、当时和事后的动态尽量在图上标明（航行内河不使用海图的船舶也应当尽可能绘制简图）；

（四）船舶受损部分的简图；

（五）与海损事故有关的文件或者它的副本。

**第八条**　调查海损事故的港航行政管理机关，有下列的职权和责任：

（一）传询遭受损害的人、证人和有过失责任嫌疑的人，作成记录，由被询人签字；

（二）检查发生海损事故船舶的适航状态以及船舶和船上货物的损害情况，必要的时候可以起卸或者搬移货物；

（三）勘查发生海损事故地区的设备、标志和其他状况；

（四）收集有关的物证，并且编制记录；

（五）召请鉴定人鉴定；

（六）如果海损事故涉及刑事范围，应当即将有关情况通知有关人民检察机关。

**第九条**　港航行政管理机关对海损事故的调查应当作出记录；有责任纠纷的，可以建议有关当事人根据调查结果自行和解，和解成立，应当将和解协议书副本报港航行政管理机关存案。

如果海损事故有关当事人已经协议提请中国国际贸易促进委员会海事仲裁委员会仲裁或者向人民法院起诉，前款所指调查记录可以根据需要抄送上述机关。

**第十条**　港航行政管理机关认为必要或者经当事人要求的时候，应当根据海损事故调查的结果作出结论，并且发给有关当事人和机关。

海损事故结论应当包括：

（一）海损事故发生的详细经过；

（二）海损事故所造成的损害和其他后果；

（三）海损事故发生的原因；

（四）海损事故的过失人和责任人，应负责任的理由、程度和比例；

（五）防止类似海损事故再度发生的措施和意见；

（六）对过失人或者责任人的处理意见。

**第十一条** 海损事故有关当事人对港航行政管理机关所作的海损事故结论不同意的时候，可以提请上述机关所在的省、市、自治区交通（航运）厅（局）复查，并以复查后所作出的结论为最后结论。但是两个省、市、自治区以上有关单位之间或者涉及到中央直属单位的海损事故纠纷，可以提请交通部复查，作出最后结论。

海损事故有关当事人应当在收到结论之日起十五天以内提请复查，过期可以不受理。

**第十二条** 海损事故有关当事人如果在收到海损事故结论之日起十五天以内没有提请复查，也没有提请中国国际贸易促进委员会海事仲裁委员会仲裁或者向人民法院起诉，就应当按照结论处理。

**第十三条** 外国籍船舶的下列海损事故，也适用本规则：

（一）造成中国人民财产损害的；

（二）在中国领水内发生的；

（三）经船舶所属国家领事要求调查处理的。

本规则第五条第三款、第十条第二款第五项和第六项、第十一条不适用于外国籍船舶。

港航行政管理机关可以根据有关当事人的要求，责令发生海损事故的外国籍船舶提供保证，在没有提供保证以前，可以禁止它离开港埠。

**第十四条** 海损事故的调查处理费用，有责任纠纷的由责任方负担，没有责任纠纷的由要求人负担。

上述费用应当在调查完毕或者作出结论以后一个月内付清。

## 21. 交通部关于海损赔偿的几项规定

（1959年9月19日交通部发布　自1959年10月15日起施行）

**第一条**　海损的赔偿，除本船承运货物按照本规定第二条、第三条的规定办理外，由于船长、船员、引水员或者船舶所有人任用在船上服务的人员职务上的过失所造成的海损，船舶所有人应当负责赔偿；由于不可抗力的原因所造成的海损，船舶所有人不负赔偿责任。

**第二条**　船舶由于下列原因之一发生海损事故，以致本船承运货物遭受损害，除承运人谨慎处理不能避免的外，都应当由承运人负责赔偿：

（一）在船舶开航时，承运人没有使船舶本身适于航行，以及没有正确的配备船员、装备船舶和备足供应品；

（二）船长或者其他船员在收受、装载、配载、保管、卸载、交付货物中的行为或者过失。

**第三条**　船舶由于下列原因之一发生海损事故，以致本船承运货物遭受损害，承运人不负赔偿责任；但是承运人谨慎处理能够避免的，仍旧应当负责赔偿：

（一）不可抗力；

（二）海上和其他通航水域的危险或者意外；

（三）火灾；

（四）军事行动；

（五）政权机关的命令或者行动；

（六）救助人命、船舶和货物；

（七）船舶潜在的缺点；

（八）船长、船员、引水员驾驶或者管理船舶的行为或者过失。

前款第八项不适用于本国船舶承运本国货物的内河和沿海运输。

**第四条** 海损的最高赔偿额，以船舶价值、运费和开航以后船舶受损未经修复所应得的赔偿为限。

前款船舶价值，按船舶发生海损事故以后进入第一到达港埠时的状态估计；运费是指海损事故发生时在船上的旅客、货物和行李的运费。

对于人身伤亡的抚恤、善后等，应当优先办理，同时不受本条最高赔偿额的限制；应负过失责任的有关船舶，并应负连带责任。人身伤亡的抚恤、善后的款额应当根据不同的具体情况酌量办理。

## 22.交通部关于船员制服的规定

（1959年9月29日）

一、船员制服适用的范围：

1.海、河机动运输船舶、拖轮和驳船的船员，以及救护船、港作船、工作船和工程船等的船员。

2.海港和国际河川的港务监督的外勤人员（指担任联检工作的监督人员，以下同）和引水人员。

二、高级船员和普通船员：

1.高级船员：船长，政委，大、二、三副；轮机长，大、二、三管轮，电机师和冷藏师；报务主任，报务员；业务主任，业务员；主任医师，医师，医士等。

2.普通船员：除高级船员外，均为普通船员。

3.小轮、拖轮、驳船、救护船、港作船、工作船和工程船等，其中轮船在二百总吨以上，拖轮马力在五百匹以上的船长、政治指导员、驾驶员、轮机长、轮机员、报务员为高级船员。其余船舶的正副驾驶、正副司机，以及其以下的各级船员均为普通船员。

4.各类实习生在实习和见习期间不制发船员制服。

三、海港和国际河川的港务监督的外勤人员和引水人员：正副监督长，正副科长，各级监督外勤人员和引水人员，以及学习引水人员等。

四、制发制服的船舶和单位：

1.国际海上航行的机动运输船舶，和国际河川航行的机动运输船舶，拖轮与驳船；

2.沿海和内河五百总吨以上客货轮；

3.海港和国际河川的港务监督部门。

沿海和内河的其他机动运输船舶、拖轮、驳船、救护船、港作船、工作船和工程船以及港航监督人员等，是否制发船员制服，由各省、市、自治区的交通（航运）厅、局和中央直属航运局自行决定。

**五、**船员制服的式样：

1.船员制服分政工、驾驶、轮机、无线电、医务和业务六类，并分高级和普通两级。

2.高级和普通船员的冬服和夏服，男式均为仿中山装式的上衣，翻领，西式长裤，裤脚不折卷，夏服只有上面两个明兜，冬服上面两兜为明兜，下面两兜为暗兜。女式均为双排扣西服上衣，西式长裤，裤脚不折卷。

港务监督外勤人员和引水人员的制服，与高级船员制服的式样相同。

3.华南地区船员夏服，男式为短袖、翻领的上衣，短裤，白色或草绿色的长筒袜，女式仍为双排扣西式上衣和西式长裤。

华东和华中地区的船员夏服，亦可结合当地天气情况，缝制与华南地区式样相同的短式夏服。

由于水上天气变化无常，除新船员可同时制发长式和短式夏服各一套外，可以一年缝制长式夏服，一年缝制短式夏服。

4.高级船员冬服的袖章，按级缝制半圆圈式平行金线，即船长、政委、轮机长为四道金线；大副、大管轮、主任医师为三道金线；二副、二管轮、报务主任、业务主任、医师，小轮船长、政治指导员和轮机长为二道金线；三副、三管轮、报务员、业务员、医士，小轮驾驶员（大、二副）、轮机员（大、二管轮）和报务员为一道金线；电机师和冷藏师暂属轮机类，按级缝制一道、二道或三道金线。

沿海船舶高级船员的冬服，如为棉制服，和内河高级船员的冬服，无论是呢制服或棉制服均不缝制金线袖章，改为按级佩带胸章。内河引水员暂属驾驶类，按级佩带一道、二道或三道金线胸章。

高级船员的冬服袖章和胸章，都是用金钱和工种符号合并缝制。

高级船员夏服上衣和冬服大衣上佩带的肩章，一律取消，改为夏服上衣佩带胸章，冬服大衣不佩带符号。

5.工种符号：

高级船员：政工人员为五角星；驾驶为锚；轮机为车叶；无线电为电波；医务为红“十”字，业务为白色条。

普通船员：臂章：驾驶为锚；轮机为车叶；医务为红“十字”；业务为胸章，如“广播员”、“报务员”等。

小轮正副驾驶的臂章为锚，外加二道或一道黄色线条。正、副司机的臂章为车叶，外加二道或一道黄色线条。

6.港务监督外勤人员和引水人员不佩带袖章、肩章。执行工作时，港务监督外勤人员佩带与联检人员式样相同的圆臂章；引水人员凭工作证。

7.制帽和帽徽：

夏服制帽：不论高级、普通和男女船员，以及港务监督外勤人员和引水人员，均为黑色大沿帽；帽套的质料和颜色，均与夏服的质料和颜色相同。

冬服制帽：高级船员均为剪绒面解放军式活耳帽，普通船员均为解放军式活耳棉帽。

帽徽：分高级船员及引水人员，港务监督外勤人员，和普通船员等三种。

帽带：夏服制帽均为黑色皮质活动式带。

8.大衣：高级船员为呢料海军式大衣，普通船员为呢料短式大衣。

9.皮鞋：高级船员冬鞋为黑色，皮面无花纹的皮鞋，夏鞋为黄色或白色的皮鞋，一律不制发。

船员制服式样如附图[①]。

---

① 附图从略。

**六**、船员制服的颜色和质料：

1.高级船员的冬服为藏青色呢料，或者哔叽，或者棉布（做棉制服）；夏服（长式短式）为白色或者米黄色的布料。

2.普通船员的冬服为藏青色的呢料；或者布料（做棉制服）；夏服长式为蓝色布料；短式为白色或米黄色的布料。

3.钮扣：均为咖啡色的胶木钮，内有人锚，帽钮的颜色和质料以及花纹与衣服小钮相同。

同一地区船员制服的颜色，应予一致。

**七**、船员制服的大衣：除国际航行的海上机动运输船舶和国际河川航行的机动运输船舶、拖轮、驳船的船员，以及港务监督外勤人员和引水人员外，其他船舶的船员暂不制发。

**八**、过去已制发的船员制服，仍可穿用。

**九**、船员制服的使用年限，制发套数，以及补助金额等，统由各省、市、自治区的交通（航运）厅、局，结合各地具体情况自行决定。上海海运局和长江航运局需报部审批。

帽徽、袖章、臂章、胸章、钮扣、帽扣以及引水员工作证等统由公家免费发给。

# 23.机动车管理办法

（1960年1月12日国务院批准　1960年2月11日交通部公布施行）

## 第一章　总　则

**第一条**　为加强对机动车及其驾驶员的监督管理，保障行车安全，充分发挥运输效能，制定本办法。

**第二条**　有机动车的机关、团体、企业、事业单位、人民公社、个人与机动车驾驶员、驾驶学校（训练班）、保养修理单位等，必须遵守本办法。

军用车辆的检验、核发牌照、保养修理和驾驶员的考试、核发执照、培训等工作的监督管理，均由军车主管部门自行规定办理。

**第三条**　按照本办法领取的机动车号牌、行车执照或驾驶员执照，全国有效。

**第四条**　有机动车的部门、个人及驾驶员按照本办法申请办理各项业务手续时，应向车辆管理机关缴纳规定的手续费及有关牌照书表等工本费。

**第五条**　本办法由各地交通和公安部门贯彻执行。

## 第二章　车辆管理

### 第一节　车辆的分类、检验与核发牌照

**第六条**　本办法所称的机动车分类如下：

1.大型汽车：载重量二吨与二吨以上的各种汽车；

2.小型汽车：载重量二吨以下的各种汽车；

3.二轮机动车（包括机器脚踏车及其他安装机器行驶的二轮车）；

4. 三轮机动车（包括三轮汽车、侧三轮机器脚踏车、后三轮机器脚踏车及其他安装机器行驶的三轮车）；

5. 拖拉机（包括轮式与履带式）。

**第七条** 有机动车的部门、个人申请领用号牌和行车执照时，应填写“机动车检验异动登记表”，送当地车辆管理机关审查。车辆管理机关检验车辆（新车可酌免检验）认为合格后，发给号牌和行车执照。

**第八条** 车辆检验的主要项目：

1. 车体丈量：包括全车长度、宽度、高度、驾驶座位长度、车厢面积、栏板高度以及车辆轮距、轴距等；

2. 机件检验：包括发动机、底盘、变速及传动、转向、制动、电系、车身、设备等部分。

**第九条** 车辆载重、拖挂标准与乘载人数，在统一标准制订前，由省、自治区、直辖市的交通主管机关自行规定。

**第十条** 车辆管理机关对于领有号牌和行车执照的车辆，每年进行一次总检验，合格后在行车执照上予以签证；也可委托车辆所属单位自行检验，由车辆管理机关督促检查并作签证。对于保养修理制度健全的车辆所属单位，可以结合车辆保养修理出厂检验办理，不另办总检验。

总检验如不能在现籍车辆管理机关办理的，可以就地办理。

车辆在使用期间，必须经常合乎规定的技术要求，车辆管理机关可以酌情对车辆进行临时检验。

**第十一条** 未领正式号牌和行车执照而需临时行驶的车辆，以及悬挂和持有外国号牌和行车执照经我国外交机关许可进入国境短期行驶（包括经常性入境、出境）的车辆，均应领用“临时行驶证”。必要时车辆管理机关可以对车辆进行临时检验。

**第十二条** 车辆制造厂、修理厂或者因车辆买卖需要试车时，应领用试车号牌。

**第十三条** 领有正式号牌和行车执照的车辆，如出国不再返回、转为军用或报废时，应将原领号牌和行车执照向现籍或当地车辆管理机关缴销。非现籍办理的，由经办机关通知现籍车辆管理机关予以注销。

### 第二节　补发、换发牌照和异动登记

**第十四条**　机动车的号牌或行车执照如有遗失或损坏时，应向现籍车辆管理机关申请补发或换发。车辆管理机关审查后发给与原号码相同的新号牌或新行车执照。在新号牌或新行车执照核发前，可先发给“临时行驶证”或其他证明。

如不能在现籍车辆管理机关办理补发、换发手续的，可向当地车辆管理机关申请发给“临时行驶证”或其他证明，再向现籍车辆管理机关申请补发或换发新号牌或新行车执照。

**第十五条**　领有正式号牌和行车执照的车辆，发生下列异动时，应由所有人和车辆所属单位及时向当地车辆管理机关办理登记：

1.转籍：车辆由甲省（自治区、直辖市）迁移至乙省（自治区、直辖市）时；

2.变更：初次检验的登记项目内容有变更时。

以上登记，如非现籍车辆管理机关办理的，经办机关应通知现籍车辆管理机关。

**第十六条**　车辆转籍登记后，原籍车辆管理机关应将车辆的全部存案材料及时移交新籍车辆管理机关，由新籍车辆管理机关另发号牌和行车执照。

## 第三章　驾驶员管理

### 第一节　机动车驾驶员的分类、考试与核发执照

**第十七条**　机动车驾驶员分类如下：

1.职业驾驶员：以驾驶机动车为职业的；

2.非职业驾驶员：不以驾驶机动车为职业的；

3.实习职业驾驶员：实习驾驶机动车的职业驾驶员；

4.学习驾驶员：学习驾驶机动车的。

**第十八条** 年满十八周岁，具备机动车驾驶员的身体条件，懂得交通规则，愿意学习驾驶机动车的，经驾驶员培训单位（驾驶学校、训练班等）或有驾驶执照并有一定经验的教练人证明，可填写"机动车驾驶员考试异动登记表"，向车辆管理机关请领学习驾驶证。

**第十九条** 持有学习驾驶证，经培训单位或教练人同意；或者年满十八周岁，具备机动车驾驶员的身体条件，懂得交通规则，并且足以证明具有驾驶机动车技能的，都可以向车辆管理机关请领驾驶执照。经初次考试合格后，由车辆管理机关发给实习职业驾驶员执照或非职业驾驶员执照，并在执照上签注准驾车类。

**第二十条** 实习职业驾驶员安全驾驶车辆半年以上并有一定经验的，由车辆所属单位提出意见，经车辆管理机关核准后，可以换发职业驾驶员执照。

**第二十一条** 驾驶员的身体条件：

1.身长：驾驶大型汽车的，须一百五十五厘米以上；

2.视力：两眼各为零点七以上或经矫正（如戴眼镜）后达到这个标准的；

3.辨色力：没有赤绿色盲或全色盲；

4.听力：左、右耳距音仪五十厘米都能辨清声音的方向；

5.无精神病及足以妨碍驾驶机动车的其他疾病或身体缺陷。

**第二十二条** 实习职业驾驶员、非职业驾驶员初次考试项目：

1.学科：口试或笔试交通规则以及报考车类的机械常识；

2.术科：报考车类的驾驶操作。

初次考试不及格的，可准予补考。补考科目、次数与间隔期限，由车辆管理机关决定。

**第二十三条** 已向车辆管理机关登记的驾驶员培训单位的学员，结业考试及格，经车辆管理机关审核同意的，或者经车辆管理机关会同考试及格的，可发给实习职业驾驶员执照或非职业驾驶员执照。

**第二十四条** 已有驾驶执照的、受扣留驾驶执照处分的、被判处徒刑或被剥夺政治权利的，都不得报考机动车驾驶员。

**第二十五条** 驾驶在执照上签注的准驾车类以外的车辆，必须遵守下列规定：

1.汽车、二轮及三轮机器脚踏车、拖拉机三种类型车辆的驾驶员不得互换驾驶车类。需要增加驾驶车类时，应经考试驾驶操作与机械常识合格；

2.有准驾大型汽车记录的，可驾驶小型汽车；有准驾小型汽车记录的，需要增加驾驶大型汽车时，应经考试驾驶操作合格；

3.有准驾二、三轮机器脚踏车记录的，可分别驾驶二、三轮轻便机动车（包括由人力三轮车或二轮脚踏车改装的）；有准驾轻便机动车记录的，需要增加驾驶机器脚踏车时，应经考试驾驶操作与机械常识合格；

4.有方向盘的三轮汽车和小型汽车的驾驶员，可以互换驾驶车类；手把式转向的三轮汽车和三轮机器脚踏车的驾驶员，可以互换驾驶车类。

**第二十六条** 已领有执照的驾驶员，每年应由车辆管理机关进行一次审验，审验项目如下：

1.核对执照上的各项记录和照片是否与现况相符，有无漏办审验及其他登记的情况；

2.审查驾驶员的身体有无妨碍驾驶工作的情况，持有职业驾驶员执照的是否尚任驾驶员，持有实习职业驾驶员执照或非职业驾驶员执照的是否经常开车，以及驾驶技术情况；

3.考核安全与违章肇事情况，有无未处理的违章肇事事件。

审验合格的，由车辆管理机关在驾驶执照上签证；不合格的，予以复试或注销执照。

审验工作也可委托车辆所属单位负责进行，由车辆管理机关督促检查，并作签证。

驾驶员不能如期回现籍车辆管理机关办理审验的，可在当地车辆管理机关办理。

**第二十七条** 驾驶员因故不能如期办理审验的，应事先向车辆管理机关申请延期办理。未申请延期办理而不参加审验的，车辆管理机关除通知其补办审验外，并可酌情给予批评教育或处分。连续两次不办理审验又未申请延期办理的，应注销执照。

**第二十八条** 驾驶员有下列情况之一的，应进行部分或全部科目的复试：

1.因行车责任事故受扣留驾驶执照处分的，期满后由当地车辆管理机关酌情复试交通规则及驾驶操作；

2.审验驾驶执照或行车检查时，发现驾驶员的驾驶技术有疑问或脱离驾驶工作时间较长的，由车辆管理机关酌情复试学科及术科。

经复试合格后，准予继续驾驶；不合格的，缴存执照，等再次复试合格后，才准恢复驾驶。

**第二十九条** 受复试的驾驶员，其驾驶执照有准驾数种车类记录的，应按同类型中的最高车类复试。驾驶员也可任择一种车类复试，但合格后应注销同类型中高于复试车类的准驾记录。

**第三十条** 领有实习职业驾驶员执照或职业驾驶员执照的，可申请调换非职业驾驶员执照。领有非职业驾驶员执照的，可申请调换实习职业驾驶员执照；其连续安全驾驶车辆一年以上并有一定经验的，或者原系由职业驾驶员执照换领的，可申请调换职业驾驶员执照。

### 第二节 补发、换发驾驶执照和异动登记

**第三十一条** 驾驶执照如有遗失、损坏或记录填满时，应向现籍车辆管理机关申请补发或换发，现籍车辆管理机关审查后发给与原字号相同的新驾驶执照。在新驾驶执照核发前，可先发给待理证。

如不能在现籍车辆管理机关办理补发、换发手续的，可向当地车辆管理机关申请发给待理证，再向现籍车辆管理机关申请补发或换发新驾驶执照。

**第三十二条** 领有执照的驾驶员，发生下列异动时，应及时向当地车辆管理机关办理登记：

1.转籍：驾驶员的户口由甲省（自治区、直辖市）转至乙省（自治区、直辖市）时；

2.变更：驾驶员在现籍地区内变动住址、调换服务单位时，或者出国、回国时。

以上登记，如非现籍车辆管理机关办理的，经办机关应通知现籍车辆管理机关。

**第三十三条** 驾驶员转籍登记后，原籍车辆管理机关应将驾驶员的全部存案材料及时移交新籍车辆管理机关，由新籍车辆管理机关在其原执照上另行编号。

## 第四章 对机动车驾驶员培训工作的监督

**第三十四条** 培训机动车驾驶员的驾驶学校或训练班成立时，须向车辆管理机关办理登记。教学计划和教学大纲应经车辆管理机关同意。培训工作受车辆管理机关的监督检查。

**第三十五条** 机动车驾驶学校或训练班应当具备下列条件：

1.有专用的教练车及教学用具；

2.有保养修理作业的实习场所、作业设备和学习驾驶的场地。

**第三十六条** 车辆所属单位或其他部门培养学习驾驶员及助手的工作，临时组成的驾驶员短期培训班，以及其他有组织的培训，均应受车辆管理机关的监督检查。

## 第五章 对机动车保养、修理工作的监督

**第三十七条** 机动车的保养、修理单位（包括厂、场、队及一切有保养、修理任务的组织）有关保证车辆装载行驶安全的保养、修理工作，由车辆管理机关进行监督和检查。

保养、修理单位应将所制订的车辆保养制度报送车辆管理机关备查。

**第三十八条** 车辆改装前，应将设计方案与改装计划报送车辆管理机关审查。

对大修出厂的车辆，必要时车辆管理机关可以进行检验。

## 第六章 违章处理

**第三十九条** 对违反本办法的，车辆管理机关可以按情节进行处理：

1. 情节轻微的，给予批评教育；

2. 情节重大的，可以分别给予警告、罚款或扣留驾驶执照的处分；涉及治安管理与刑事问题的，应送公安、司法机关处理。

受处分的部门、个人，如对所受处分有不同意见时，可提出申诉。

## 第七章 附 则

**第四十条** 各省、自治区、直辖市交通或公安主管机关可根据本办法制定实施细则，报经省、自治区、直辖市人民委员会批准后公布施行，并报中华人民共和国交通部备案。

**第四十一条** 本办法的解释权，属于中华人民共和国交通部。

**第四十二条** 本办法经中华人民共和国国务院批准后，由中华人民共和国交通部公布施行。

本办法公布后，原中央人民政府政务院1950年3月20日批准公布的“汽车管理暂行办法”和中央人民政府交通部1950年7月15日公布的“汽车管理暂行办法实施细则”的有关规定，不再适用。

# 24. 交通部、公安部关于颁发实施“机动车管理办法”的通知

（1960年2月24日）

随着全国工农业生产大跃进和国民经济的迅速发展，现行汽车管理暂行办法及其实施细则已不能完全适应当前的需要。为了进一步加强对运输安全生产的监督管理，以适应社会主义经济建设高速度发展的需要，特根据新的情况和以往经验，制订“机动车管理办法”，并经国务院于1960年1月12日国经习字17号文批准由交通部公布，由各地交通和公安部门共同贯彻执行。兹将该办法及新订机动车号牌、行车执照、驾驶员执照、车辆检验与驾驶员考试标准要求和表证等式样，连同说明，一并随文颁发，希督促有关部门在各级党委领导下贯彻实行，并请注意以下各点：

一、必须教育所属人员进一步明确车辆管理工作为运输生产服务的目的性，在具体执行当中必须认真遵守“安全为了生产，生产必须安全”的原则，进一步促进运输的发展。因此，车辆管理机关应当进一步加强与运输生产部门及各有关部门的联系。为了使新的管理办法在城市和农村都能以有效的贯彻，交通和公安两部门也应进一步加强联系，密切协作。对于新的管理办法，应当在管理干部以及有关部门与驾驶员中进行广泛宣传和组织学习。

二、新办法规定的一些工作，如对车辆保修、驾驶员培训的监督和对拖拉机的管理等，应根据具体情况与有关部门协商，妥善安排进行。

三、请各地即进行准备工作，以使新办法逐步实施。

四、新办法实施前已发号牌、执照的换新问题，除车辆号牌与

行车执照全部换新外，关于驾驶员执照：（1）原发“一、二、三等职业汽车驾驶员执照”换给“职业机动车驾驶员执照”；（2）原发“普通汽车驾驶员执照”换给“非职业机动车驾驶员执照”，其中有在换照当时转任职业驾驶员的，换给“职业机动车驾驶员执照”；（3）军队转业驾驶员照原来有关规定应发给“三等职业汽车驾驶员执照”的，改发“职业机动车驾驶员执照”，不符合技术标准的，应在复验合格后，发给驾驶执照。

**五、**自新办法实施之日起，以前一切有关规定与新办法内容有抵触的，按新规定办理。

# 25. 公路养护管理暂行规定[①]

（1960年4月22日交通部发布）

**第一条** 为加强公路养护，建立与健全公路养护管理制度，特根据“统一领导、分级管理”的原则，制订本规定。

**第二条** 公路养护的基本任务是经常维护公路工程设备的完好状态，并改善提高公路技术状况，适应运输发展的需要。

**第三条** 公路养护按其工作性质和技术性繁简分为三类：

（一）保养：经常保持公路平整、坚实、路容整洁，及时修补公路的轻微损坏部分，使公路工程设备处于完好状态的工作。

（二）中修：修理、更换或重建公路较大损坏部分，以恢复公路原有技术状况的工作。

（三）大修：对公路工作设备进行加固、改善或添建，以提高公路的技术状况的工作。

**第四条** 为便于分级管理，按公路在国民经济、国防上的重要性划分为：

（一）干线公路：具有全国和全省（市、自治区）政治、经济、国防、文化意义的公路。

（二）地方公路：不属于干线公路和专用公路的所有公路，都称为地方公路。为便于管理，分为县公路及社公路两段：

一、县公路：具有全县政治、经济、文化意义的和县与县间的联络公路。

---

① 交通部1950年7月8日发布的“养护公路暂行办法”和1955年9月19日发布的“公路养护修理工作分类”，自本规定发布之日起废止。

二、社公路：主要为人民公社运输服务的公路。

（三）专用公路：主要为工矿、农、林等企业、事业部门生产建设运输服务的公路。

**第五条** 各级交通部门应按照公路的划分正确贯彻1955年国务院“关于改进民工建勤养护公路和修建地方道路的指示”，分别采用不同的方式进行养护：

（一）干线公路由省（市、自治区）或专区（市、盟、自治州）公路管理部门设置专业机构，配备专业工人，负责养护。也可采用专业工人与群众共养的方式。

（二）县公路由县公路管理部门管理，组织沿线人民公社或生产队固定专人建立经常养护队。交通量较大的路线，可以配置必要的专业工人与群众共养。

（三）社公路由人民公社交通部门管理，建立群众养路组织进行养护。

（四）工矿、农、林等企业，事业部门专用的公路和其他各种运输工具通行的道路，可由各该专用部门负责管理、改善和养护，公路管理部门在业务、技术上予以指导。也可由专用部门投资委托公路部门代表。

（五）大、中城市郊区的公路，由省（市、自治区）参照第四条和本条其他各项规定，根据具体情况，统一安排，加强养护。

**第六条** 通过各种民间运输工具的道路，如大车道、驮道、轨道等，由县统一安排，公社交通部门负责管理。根据需要采取定期整修或者组织专业队伍进行养护。

**第七条** 公路渡口，应配备专业工人和专职人员负责渡运管理，交通量大的应设置渡口管理机构，重要大桥和隧道应设专人养护。

**第八条** 公路两旁应按规定进行绿化，并妥为保养及时补植缺损。绿化收益原则上归种植及养护单位所有，绿化树木未经公路管理部门的许可不准任意砍伐。

**第九条** 公路管理部门征收车辆的养路费作为养护公路的经费，

并应实行专款专用，厉行节约，防止浪费。

**第十条** 各级公路管理部门应按照计划编审程序，分别制定养路年度、季度、月度计划。基层生产组织并根据需要制订短期作业计划。

省（市、自治区）交通厅（局）编制的养路年度计划，应报送省（市、自治区）人民委员会审批，并报交通部核备。

**第十一条** 养路计划安排应首先保证现有公路的经常养护和及时修理的需要，并对运输繁忙的公路进行技术改造和重点改善，以提高公路质量。

**第十二条** 各级公路管理部门应建立和健全报告制度，对公路养护计划执行情况按期进行统计，定期检查工作，及时总结经验。

**第十三条** 公路养护的技术管理工作，应按照“公路养路技术规范”的规定办理。对技术性复杂、工程量较大的工程，应有必要的测设文件，并经省（市、自治区）交通厅（局）审定后执行。

**第十四条** 公路和它的设备应保护完整，禁止任意损坏、挖掘、移动和涂抹；禁止在公路用地界限以内种植农作物、堆积杂物、搭盖厂棚、修建房屋以及放牧牲畜、蓄水等。

**第十五条** 有关部门因生产建设需要利用、占用或干扰公路设备时，应事先经公路管理部门的同意，如有损坏应按原有标准予以修复或改建，以免影响运输，所需费用，由利用或占用部门负担。

**第十六条** 各省（市、自治区）交通厅（局）应根据本规定结合本地区具体情况，分别制定有关章则，报请省（市、自治区）人民委员会批准公布施行，并报交通部备查。

# 26. 公路交通规则

（1960年7月31日国务院批准　1960年8月27日交通部公布施行）

## 第一章　总　则

**第一条**　为加强公路交通管理，便利交通运输，维护交通安全，以适应国民经济大跃进的需要，制定本规则。

**第二条**　本规则适用于通行汽车的公路。

**第三条**　本规则由省、自治区、直辖市所属的各级公路交通管理机关执行。

**第四条**　在公路上通行的各种车辆（包括军车）的所属单位、所有人、使用人、驾驶人员和乘车人员，往来的行人和牲畜赶骑者，公路沿线居民，公路工程、养护部门以及其他与公路交通有关的人员和单位，都应当遵守本规则。

**第五条**　各地除专设的交通管理人员之外，可以根据交通发展的需要，在辖区内建立各种形式的群众性组织，在当地交通管理机关的领导下，负责协助交通管理与安全教育工作。

## 第二章　交通标志和交通号志

**第六条**　公路交通管理机关应当督促公路工程、养护等有关部门，根据交通需要和道路的情况，设置交通标志和交通号志。

第七条　交通标志分类如下（式样见附件[①]）：

（一）禁令标志：根据道路和交通量的情况，对通行车辆加以适

① 交通标志式样略。

当限制的标志；

（二）警告标志：警告车辆临近危险的地段应当提高警惕减速行驶的标志；

（三）指示标志：指引车辆行驶和停放的标志。

**第八条** 各项交通标志可以安装照明或反光设备；在少数民族聚居或多民族杂居的地区，还应当根据具体情况，加用当地通用的少数民族文字。任何其他性质的标志或宣传广告、牌匾等，不得照交通标志仿制或与交通标志并设。

**第九条** 交通号志分类如下：

（一）灯光号志——红绿信号灯（使用办法见附件①）；

（二）旗帜号志——红绿指挥旗（使用办法见附件②）。

## 第三章 车辆及其驾驶人员

### 第一节 一般规定

**第十条** 各种车辆应当悬挂规定的号牌并随带行车执照。号牌、执照不得转借、涂改或污损。

**第十一条** 除人力车和畜力车外，各种车辆都必须安装有效的音响器。机动车和非机动的二、三轮车与畜力车，还必须安装有效的制动设备。

**第十二条** 各种车辆在夜晚和大雾中行驶或停放路边时，必须开放灯光或设置其他显明标识。

**第十三条** 驾驶车辆应当靠右行进，但机动车在对面未见来车时，可以在路中行驶。

**第十四条** 各种车辆让车的规定如下：

（一）非机动车让机动车先行；

（二）同类车相遇时：转弯车让直行车先行；支线来车让干线来

①② 公路交通信号灯和指挥旗使用办法略。

车先行；支、干线不分的道路，让右边没有来车的车辆先行；

（三）机动车：大型车让小型车先行；大型的空车让重车先行；会车时单车让列车先行；教练车让其他机动车先行；

（四）各种车辆在狭窄的坡道上会车，下坡车让上坡车先行，但下坡车已至中途而上坡车尚未上坡时，上坡车应让下坡车先行；

（五）各种车辆都必须让执行任务的消防车、救护车、工程救险车、警备车先行。

**第十五条** 各种车辆行经渡口时，应当遵守当地渡口管理规则，并听从管理人员的指挥，不争先抢渡。执行任务的消防车、救护车、工程救险车、警备车可以优先过渡。大、小客车过渡时，乘车人员一律下车。

**第十六条** 在交叉路口、桥梁、牌楼、狭路、急弯、陡坡、隧道等处30米以内及其他容易发生危险的地点，都不准停车。

### 第二节 机动车

**第十七条** 机动车必须具备齐全有效的大小光灯、方向标灯、刹车灯、号牌灯。

**第十八条** 机动车拖带挂车，必须符合以下规定：

（一）挂车的构造、各部机件必须坚固完整；牵引车与挂车间及挂车与挂车间的牵引、连结装置都必须牢固可靠，并且应当加设保险链条；

（二）挂车都应当迅速安装有效的制动设备和防护网；

（三）在最后一辆挂车的后面，应当悬挂牵引车号牌，并装置尾灯、号牌灯、刹车灯；

（四）拖带二辆以上挂车的列车，在牵引车前应当设置有灯光设备的拖挂标牌；在夜间和大雾中行驶时，并且应当在列车中部和尾车安装灯光标识；

（五）载客挂车内应当安装与驾驶室联系的音响信号设备。

**第十九条** 载货挂车不准乘人。有特殊原因需要乘人时，必须装置安全设备，并经交通管理机关核准。

**第二十条** 机动车必须安装方向标，使用方法如下：

（一）直行——左右两标灯都不开放或箭头指向上方；

（二）右转弯——开放右边的标灯或箭头指向右方；

（三）左转弯——开放左边的标灯或箭头指向左方；

（四）调头——开放左边的标灯或箭头指向下方。

**第二十一条** 机动车行驶的速度，必须保证行车的安全；在下列情况下，应当减低行车速度，每小时的最高车速不准超过15公里：

（一）行经交叉路口或行人稠密的地点时；

（二）通过铁路、城门、桥梁、隧道、狭路、村镇、车站、急弯和下陡坡时；

（三）拖带机件损坏的车辆时；

（四）在冰雪道路上行驶时；

（五）遇到牲畜群时；

（六）遇下雨、下雪，车辆的刮水器损坏时；

（七）遇大风、大雾、大雨、大雪，视距在30米以内时；

（八）遇有警告标志时。

**第二十二条** 同一方向行驶的机动车，两车间的距离至少应当保持30米；通过城镇、市集和人烟稠密的地点时，至少应当保持五米；冬季行经冰雪路面时，至少应当保持50米。

**第二十三条** 机动车交会时，应当选择适当地点，减低速度，靠右通过。夜间会车，须在距离对面来车100米以外互闭大光灯，改用小光灯或近光灯。

**第二十四条** 机动车超越前行车辆时，应当先鸣响喇叭（夜间将大光灯连续明灭示意），等前车让路后，方可从前车左边超越；越车后，应当在离被超车20米以外（拖挂列车应以最后一辆挂车估计）再驶入正常行驶路线。前车闻有后车的超车喇叭声（夜间见有示意灯光）时，应当靠边缓行，不得故意不让。

**第二十五条** 在下列情况下，严禁超车：

（一）设有警告标志或禁止超车标志的地方；

（二）交叉路口；

（三）距离对面来车150米以内；

（四）前车正在超越其他车辆时；

（五）遇大雾时。

**第二十六条** 机动车在大雾中行驶时，除了应当减速和开放灯光以外，并且应当频频鸣响喇叭。

**第二十七条** 禁止在桥梁上、转弯处、交叉路口及铁路和公路交叉处倒车。

**第二十八条** 机动车在公路上停放时应当靠路边依次停放。停放的车辆之间至少应当保留二米的距离，并且不得与对侧车辆平行停放。

**第二十九条** 机动车的载客人数、载货量和驾驶室乘坐人数，不准超过行车执照上核定的限度。因特殊情形需要超载时，须经交通管理机关准许。

**第三十条** 机动车的装载宽度，不得超过前叶子板或外轮胎外缘20厘米；装载高度由地面算起，不得超过四米。因特殊情况必须超过上述规定的，须经交通管理机关准许。装载超过规定宽度的车辆，夜间通行时要在超宽部分装置红色灯光信号。装载在行进中能引起弹动的过长货件时，其最大弹距不得触及路面。

**第三十一条** 机动车车厢以外的任何部分（车顶、驾驶室顶、脚踏板、叶子板）都不得乘人。

**第三十二条** 货车有押运装卸人员随车或附载少数乘客时，如货物装载高度超过栏板，乘车人员不准坐卧在货上；如车厢栏板低于一米，不准站在车上。

**第三十三条** 利用货车载客时，车厢必须坚固，栏板不得低于一米，并且应当设置必要的设备（如座位、顶篷等）。

**第三十四条** 机动车装载危险品（容易引起爆炸、燃烧或有剧毒、放射性的物品）时，应当遵守下列规定：

（一）装运的车辆，应当根据危险品的性质设置相应的防患设备；

（二）危险品必须包装牢固、严密，并且应当有显著的标识；包件上面不准坐人；

（三）必须派有熟悉物品性能和具有防止与处理患害经验的人员负责随车押运；车上不准搭乘其他人员；

（四）必须选派技术熟练和熟悉道路情况的驾驶员担任驾驶；

（五）如包装中途损坏，应当立即停车处理，必要时并且应当通知周围的居民和行人，迅速采取防患措施；

（六）危险品应当尽可能用液体燃料车装运；如用固体燃料车装运，须经交通管理机关核准，并且应当采取妥善的安全措施（如增添隔热设备和不使危险品靠近煤气发生炉等）；

（七）驾驶员及随车人员严禁携带引火物品，并且不得在中途停车时或在停车场上点火或吸烟；

（八）停车时，应当选择安全地带停放并且与其他车辆远隔；危险品未卸完时，驾驶员与押运人员不准离开，车辆不准入库；

（九）危险品不得与其他货物同车装运；如确有特殊原因不得不同车装运，应当先取得交通管理机关同意，并由承运和托运单位采取妥善的防患措施；

（十）装载危险品的车辆，在危险品卸完后，必须即时进行清扫或消毒。

### 第三节　机动车驾驶员

**第三十五条**　机动车驾驶员必须领有车辆管理机关或军车主管机关发给的驾驶执照，方可驾驶车辆。大客车或利用货车载客的代客车，须选派技术熟练，保持有两年或30,000公里以上安全驾驶经历的驾驶员担任驾驶。持有实习执照的驾驶员，不得驾驶载客的车辆。

**第三十六条**　机动车驾驶员必须遵守下列规定：

（一）驾驶的车辆必须符合驾驶执照准许驾驶的车类；

（二）不准驾驶机件设备不合安全要求的车辆；

（三）不准在饮酒后驾驶车辆；

（四）在驾驶车辆时，必须精神集中，不准吸烟、饮食和谈话；

（五）不准将车辆让给没有驾驶执照的人驾驶；

（六）不准将驾驶执照、车辆号牌及行车执照转借他人；

（七）负责保持车辆前后号牌完整清洁。

**第三十七条** 机动车学习驾驶员在公路上学习驾驶时应当凭学习驾驶证，并在正式驾驶员的教导、监督下进行。学习驾驶员不得驾驶载客车辆，也不得在大雾中和冰雪道路上学习驾驶。

### 第四节 非机动车及其驾驶人

**第三十八条** 非机动车的驾驶人不准在酒醉后驾驶车辆。行车时不准在车上躺卧。

**第三十九条** 人力车或畜力车的驾驶人必须经常保持车辆、鞍套的坚固和完整。

**第四十条** 畜力车停车时只准停在公路边的路肩处，如有碍交通，必须迅速离开。停车时，驾驶人应当注意看管牲畜，如因事离开车辆，须将牲畜拴牢，不得妨碍交通。拖带二辆以上挂车夜晚行驶时，应当在列车中部和尾车设置灯光标识。

**第四十一条** 畜力车行经下列地点，驾驶人应当下车牵引牲畜：

（一）城镇、市集以及车辆、行人往来很多的地方；

（二）坡道、狭路、弯路、傍山险路、交叉路口、桥梁、隧道以及其他容易发生危险的地方。

第四十二条 在公路上骑脚踏车，不准双手离把、扶肩并行、攀扶其他车辆或互相追逐竞驶。

## 第四章 行人、乘车人员和公路沿线居民

**第四十三条** 行人必须遵守下列规定：

（一）应当紧靠路边行走，但纵队通行公路应当靠右行走；

（二）见有机动车驶来时，不得通过交叉路口或横穿公路；

（三）行经坡道、狭路、弯道、交叉路口、桥梁和其他容易发生危险的地方，应当多加注意并尽快通过，不要停留；

（四）不得站立路中招呼拦截来往车辆；

（五）不得攀登经过的车辆。

赶骑牲畜应当靠右行进。

**第四十四条**　机动车的乘车人员必须遵守下列规定：

（一）不准携带容易引起爆炸、燃烧的物品上车；

（二）开车后不得与驾驶员谈话；

（三）不得将头部或肢体伸出车外；

（四）上下车时必须等车停稳后从车厢右边或后边上下。

**第四十五条**　公路沿线居民必须遵守下列规定：

（一）不得在公路上进行妨碍交通和影响安全的活动、作业和设置（如曝晒农作物、堆积肥料、挖沟、引水、摆摊、支撑杆木棚帐、牧放牲畜等）；

（二）管教儿童不要在公路上玩耍、拦车、扒车或向路过车辆扔扬沙石；

（三）爱护公路上的交通标志和公共设备。

**第四十六条**　在公路沿线的村镇举行集市、场会，不得妨碍交通和影响安全，必要时应当设置专人维护交通秩序。

## 第五章　公路工程、养护部门及其他部门

**第四十七条**　公路大中修或改建时，施工路段必须留出或另辟便利车辆通行的临时道路和桥梁，并设置必要的标志。

**第四十八条**　公路工程、养护部门在公路上堆置材料，不得妨碍交通和影响会车。

**第四十九条**　在公路附近的山坡上伐树、开山放炮或从事其他危险作业时，应当由施工单位采取安全措施，并在事前通知当地交通管理机关。

**第五十条** 除养护公路以外，任何有碍交通的活动、作业、设置等，都须经当地交通管理机关的同意。

## 第六章 违章和肇事的处理

**第五十一条** 对违犯本规则和肇事的人，公路交通管理机关或公安机关可以按照情节轻重给予批评教育，或者给予警告、扣留驾驶执照等处分。对重犯或屡教不改的，加重处罚。

违章或肇事，涉及刑事的，移送司法机关处理。

**第五十二条** 车辆管理人、乘用人，迫使驾驶人员违犯本规则，或迫使、纵容非驾驶员驾驶机动车，不论有无肇事，除驾驶人员本人负责外，应当由迫使、纵容的人负主要责任；机动车驾驶中擅自让他人违章驾驶车辆的，也应当负主要责任。

**第五十三条** 驾驶人员驾驶车辆肇事时，须立即停车设法抢救被伤害的人，并迅速报告当地交通管理机关、公安机关或者地方人民政府听候处理。对违章或肇事后畏罪潜逃的人，应当加重处罚。

**第五十四条** 驾驶人员驾驶车辆违章、肇事，情节不严重的，如果不能及时处理，可以暂将行车证件或驾驶执照扣留，另发待理证凭以通行，但车辆驾驶人员或负责者，须在限期内到交通管理机关或者指定的机关接受处理。驾驶军车肇事时，应当通知其主管机关或部队会同处理。

**第五十五条** 发生涉及人身死亡的重大交通事故时，过往车辆和公路员工应当尽力协助处理，并迅速报告当地交通管理机关、公安机关或者附近的有关机关。发生事故的现场，除了为救治伤者，或者为避免严重阻碍交通而且肇事情况已经由在场的人判明者以外，在交通管理人员及有关机关人员进行勘验以前，应当保留有关物证，不得擅自变动其位置。

## 第七章 附 则

**第五十六条** 各省、自治区、直辖市交通主管机关可根据本规则制定补充规定，报经省、自治区、直辖市人民委员会批准后施行，并报中华人民共和国交通部备案。

**第五十七条** 本规则经中华人民共和国国务院批准后，由中华人民共和国交通部公布施行。

本规则公布后，1950年3月20日中央人民政府政务院批准、同年4月11日交通部公布的“汽车管理暂行办法”和1950年7月15日中央人民政府交通部公布的“汽车管理暂行办法实施细则”，即行废止。

# 27.进出口船舶联合检查通则

（1961年9月8日国务院批准　1961年10月24日交通部、对外贸易部、公安部、卫生部公布）

一、为加强对进出口船舶、船员、旅客、行李和货物的联合检查工作，以保证航行安全，维护国境治安，查禁走私，防止疫病传入和传出，及便利船舶进出港口和对外贸易运输，特制定本通则。

二、参加联合检查工作的机关及其分工负责检查的范围如下：

1.港务管理机关：负责检查船舶文书和有关船舶航行安全事项。

2.海关：负责检查船舶、货物和船员、旅客所带行李物品的违法走私等事项。

3.边防检查机关：负责对船舶以及船员、旅客的护照证件、行李物品等实施边防检查。

4.国境卫生检疫机关：负责对船舶、船员、旅客、行李和货物等实施医学检查、卫生检查和必要的卫生处理。

其他机关除经国务院特准的以外，不得进行检查。

三、船舶进出口的许可，由港务管理机关统一办理，其他机关不得借故阻留。如果有特殊事故，需要禁止或者延缓船舶进出口，必须通过港务管理机关执行。

四、港务管理机关负责组织联合检查，并于事先将船舶进出口的时间和停泊地点通知有关检查机关。

五、对于按照规定应当受进口检疫的船舶进行联合检查时，除引水员和经国境卫生检疫机关许可的人员外，其他参加联合检查的人员应当在检疫人员检疫完毕以后，再上船进行检查。

六、对各国外交官、领事官以及其他应受优待人员的行李物品的检查，依照中华人民共和国政府的有关规定办理。

七、航行内河和沿海的中国籍船舶，除国家另有规定者外，以不施行检查为原则，必要时可以通过港务管理机关，由各有关检查机关进行检查。

八、船舶、船员、旅客、行李和货物的检查，仅限于在发航港、到达港及中途停泊港进行。如无特殊情况，不得中途阻航检查。

九、各港由港务管理机关负责定期召集并主持联合检查会议，海关、边防检查机关和国境卫生检疫机关派代表参加，必要时可以邀请其他有关机关的代表列席，会商有关联合检查事项。

联合检查会议设秘书1人，在港务管理机关领导下，办理日常事务。

十、本通则所称的“检查”是指第二条所列各项，其他如港务管理机关对船舶的管理，海关对船舶和货物的监管、征税，国境卫生检疫机关对船舶的卫生监督等另有规定的，仍依照有关规定，由各主管机关办理。

十一、本通则自发布之日起施行。

# 28. 中华人民共和国船舶检验局章程

（1963年10月7日国务院批准）

**第一条** 中华人民共和国船舶检验局（以下简称船舶检验局）是国家的船舶技术监督机构，负责对船舶执行监督检验，使船舶具备保证安全航行的技术条件。

**第二条** 船舶检验局直属中华人民共和国交通部（以下简称交通部）。

船舶检验局根据工作需要，可以在主要港口以及船舶和船用产品制造厂设置办事机构或者派驻验船师。

船舶检验局对于省、自治区、直辖市设立的验船机构，在业务上进行指导。

**第三条** 本章程所称船舶，包括海上和内河的船舶，但是下列船舶除外：

（一）军舰和军用船舶；

（二）本帆船和结构简单的木船；

（三）游览船和运动竞赛船。

**第四条** 船舶检验局的主要职权是：

（一）制订有关船舶检验、船舶入级、船舶证件、船舶检验费等事项的规章制度和船舶建造、吨位丈量、载重线、乘客定额、各种航行安全设备、各种机械设备等规范，经交通部批准后公布施行；

（二）对建造、修理和营运中的船舶执行监督检验，技术条件符合规定要求的，发给船舶适航的证件和运用各种机械设备的证件；

（三）对制造中的船用主要产品和材料执行监督检验，技术条件符合规定要求的，发给检验合格证件；

（四）对到达中国港口的外国船舶执行监督检验；

（五）对申请入级的船舶进行入级检验，符合入级条件的，授予船级并发给船级证书；

（六）接受申请办理有关船舶的鉴定、公证等检验业务；

（七）根据中华人民共和国参加的有关国际公约和国际协议，代表政府签发各该公约或者协议所规定的船舶证书。

**第五条** 船舶检验局设立技术委员会，作为技术上的咨询机构，聘请有关部门的专门技术人员担任委员，根据交通部批准的船舶检验局技术委员会组织规则进行工作。

**第六条** 船舶检验局可以根据业务需要，同外国船舶检验机构、船舶入级机构等签订互相服务的协议或者建立业务联系。

**第七条** 船舶检验局可以参加船舶海损事故的技术鉴定和有关船舶航行安全的调查工作。

**第八条** 船舶检验局可以参加有关部门制订和审定船舶专业标准的工作。

**第九条** 船舶检验局执行船舶检验工作，按照交通部批准的船舶检验费规定收取检验费。

**第十条** 船舶检验局执行船舶检验工作，不承担财产上的责任。

**第十一条** 船舶检验局局徽的图案：中间是相互交叉的铁锚和检验锤，底衬五角星，周围镶圆边，圆边内写“中华人民共和国船舶检验局”。

局徽的尺寸比例及其式样，由船舶检验局规定，报交通部核准。

**第十二条** 船舶检验局以“ZC”（即“中船”二字汉语拼音的第一个字母）为船舶载重线、船级和检验钢印的标志，具体格式在各有关文件中订明。

**第十三条** 本章程自中华人民共和国国务院批准之日起施行。

## 贰　邮政法规

# 1. 中国人民银行办理邮电企业预算拨款办法

（1956年4月10日中国人民银行、邮电部发布　1956年5月1日起实行）

**第一条**　中国人民银行（以下简称银行）为配合邮电部门基本业务实行企业预算拨款制，使邮电企业营业收入集中于银行，营业支出由银行根据下达拨款限额命令拨款进行支付，以监督邮电企业的收支，并按计划保证其生产资金的需要和上缴任务的完成，特制定本办法。

**第二条**　邮电部和省、自治区（包括新疆维吾尔自治区）、直辖市局（包括直辖市邮电管理局、邮局、电报局、长途电话局、长途报话局、市内电话局、无线电管理处）（以下除邮电部外简称省、市局）以及省、市局直辖县、市、区邮电局（以下简称邮电局）的三级邮电单位，对其基本业务收支应分别向当地银行开立下列两个帐户：

（一）邮电营业收入户：凡邮电营业收入、营业外收入、预收收益以及邮电局和省、市局上缴的营业收入户余额，均收入本户，本户不得支用现金。本户为50号资产负债会计科目。

（二）邮电营业支出户：凡各级局根据拨款限额命令拨款、补充拨款及核拨的流动资金，均在本户存取，本户可支用现金。本户为51号负债会计科目。

**第三条**　邮电营业收入户和邮电营业支出户每日余额均计算利息。存款按国营企业存款利率计算，放款按结算放款利率计算，每季结算一次。不论存款利息或放款利息，均记入营业支出户，并通知各开户局。

**第四条**　总行根据国家批准的邮电部基本业务年度财务收支计划，审核邮电部在每季开始前15天报送的季度（分月）“预算拨款限额计划表”（附式[①]）及每月开始前15天报送的“预算拨款限额分配表”（附式[②]）。经审核后，在每月开始前13天用电报方式（路程较近的用书面方式）将预算拨款限额命令（附式[③]）下达各省、市分行，并分抄给省、市局。

**第五条** 省、市分行接到拨款限额命令后，应即与省、市局核对邮电部分配下达的限额是否相符，并由省、市局根据限额范围，对所属各邮电局进行分配，连同各局收入计划额在每月开始前8天，填制“拨款限额分配表”报送省、市分行。省、市分行审核后，在每月开始前6天，用电报（路程较近或没有电报设备的地方用书面）命令将预算拨款限额下所属各级行、处，并分抄给各邮电局。

**第六条** 省、市分行所属各级行、处接到拨款限额命令后，应即与邮电局核对省、市局分配下达的限额是否相符，并根据命令规定的日期、金额，由邮电营业收入户转入邮电营业支出户，并通知邮电局进行转帐。

**第七条** 对邮电营业收入户的掌握：

（一）邮电局每天的营业收入应在当日或最迟在次日上午（假日顺延）全数存入邮电营业收入户。

（二）邮电局退还业务预收款，在使用现金限额以内者，可在当日收入款内座支；如超过现金限额时，收款单位在银行开立帐户者，应开具转帐支票（附退还款业务单据），并填制同城结算目录，在本户办理转帐支付。

（三）本户除根据拨款限额命令拨款和支付业务退还款项及地方附加税外，不得支付其他款项。

**第八条** 对邮电营业支出户的掌握：各级行、处对营业支出户只掌握存款余额，如超过余额时，不予支付。

---

① 预算拨款限额计划表从略。

② 预算拨款限额分配表从略。

③ 预算拨款限额命令从略。

**第九条** 邮电局开户银行每月末将邮电营业收入户的月末借方或贷方余额，经核对相符后，由开户银行在次月1日（假日顺延）将元以上的数额，电划（如当地无电讯设备，可采用邮转电报或最快邮递方式办理）省、市分行“省、市局邮电营业收入过渡集中后”，并通知邮电局。

**第十条** 省、市分行为省、市邮电局另行设立一个“邮电营业收入过渡集中户”，除将省、市局本身邮电营业收入户余额，在每月1日转入本帐户外，各级行、处上划的邮电营业收入户余额，亦均记入本帐户。在当月5日（假日顺延）由省、市分行将本帐户借方或贷方余额，全数电划总行营业处转入邮电部的“邮电营业收入户”，并通知省、市局。如省、市分行在5日后收到各级行、处上划的余额时，也通过“邮电营业收入过渡集中户”，并每日将余额电划总行营业处转入邮电部的“邮电营业收入户”。

**第十一条** 总行营业处接到各省、市分行上划的“邮电营业收入户”余额，应即转入邮电部的“邮电营业收入户”，并在当月7日将贷方余额转入邮电部的“邮电营业支出户”，并通知邮电部。

**第十二条** 总行根据邮电部报送的季度（分月）“预算拨款限额分配表”季末月份的邮电营业收支差额，编入总行“综合信贷计划”。

**第十三条** 总行和省、市分行对于每月下达的拨款限额命令及各级行、处上划邮电营业收入户余额与查询有关邮电拨款事项的电报，均由银行加盖“邮电拨款”戳记，送邮电局免费拍发。

**第十四条** 各邮电局应在每月开始前，将月份邮电营业收入计划额，报送开户银行，凭以了解营业收入完成计划情况。

**第十五条** 各级邮电部门年度、季度和月份资产负债表（包括全部附表、说明书），均应报送开户银行一份，报送时间与报送上级部局同。

**第十六条** 本办法自1956年5月1日实行。

# 2.邮电部任免邮电工作人员办法

（1959年6月6日）

**第一条**　本办法根据国务院任免行政人员办法第三条制定。

**第二条**　邮电部任免下列工作人员：

（一）邮电部办公厅所属各处的处长、副处长；

（二）邮电部各局、司的副总工程师，所属各处的处长、副处长、主任工程师；

（三）邮电部设计院所属各处的处长、副处长、设计主任工程师；

（四）北京邮电科学研究院所属各研究所的所长、副所长，各处的处长、副处长，工厂的厂长、副厂长；

（五）邮电部所属各邮电学院的院长助理、教务长、总务长，所属各系的主任、副主任，干部进修班的主任、副主任，函授部的主任、副主任，办公室的主任、副主任，各处的处长、副处长；

（六）人民邮电出版社的总编辑、副总编辑，所属各部、室的主任、副主任；

（七）北京市长途电信局的副总工程师，所属各科（处）的科（处）长、副科（处）长、主任工程师，各电台的台长、副台长，各室的主任、副主任；

（八）北京市市内电话局的副总工程师，所属各科（处）的科（处）长、副科（处）长、主任工程师，各分局的局长、副局长、主任工程师；

（九）北京市邮局所属各科（处）的科（处）长、副科（处）长；

（十）邮电部所属各学校的校长、副校长；

（十一）基本建设总局所属各工程公司的经理、副经理、总工程师、副总工程师；

（十二）器材供应管理局所属各工厂的厂长、副厂长，总工程师、副总工程师，供应处的处长、副处长，工业学校的校长、副校长；

（十三）办公厅所属北京邮电医院、邮电疗养院的院长、副院长；

（十四）邮政总局所属邮票发行局的局长、副局长，中国集邮公司的经理、副经理，邮票厂的厂长、副厂长；

（十五）其他相当于上述各项职位的人员。

**第三条** 办公厅任免下列工作人员：

（一）北京邮电医院所属的科长、副科长，科主任；

（二）北京邮电疗养院的科长、副科长；

（三）其他相当于上列职位的人员。

**第四条** 邮政总局任免下列工作人员：

（一）邮票发行局所属的科长、副科长；

（二）邮票厂所属的科长、副科长，车间主任、副主任；

（三）其他相当于上列各项职位的人员。

**第五条** 基本建设总局任免下列工作人员：

（一）各工程公司所属的办公室主任，各科的科长，工厂厂长；

（二）其他相当于上列各项职位的人员。

**第六条** 器材供应管理局任免下列工作人员：

（一）各工厂所属的科长、副科长，车间主任、副主任；

（二）各供应处所属的科长、副科长；

（三）工业学校的各科科长、副科长；

（四）其他相当于上列各项职位的人员。

**第七条** 干部司任免下列工作人员：

（一）邮电部所属各学校的办公室主任，各科科长，专业科主任；

（二）其他相当于上列各项职位的人员。

**第八条** 不属于国务院任免行政人员办法第二条及本办法第二条至七条所列职务的工作人员，分别由该工作人员所属的企业、事业单位自行任免。

**第九条** 邮电部任免的工作人员，必须经过部务会议或部长办公会议通过并发给由部长署名的任命书。北京市各局、各企业、事业单位任免的工作人员，必须经各单位的行政会议通过，并发给由单位首长署名的任命书。

**第十条** 各级邮电机构在办理任免工作时应注意下列事项：

（一）报请上级任免工作人员时，应备正式公文，并附送干部任免呈报表一份，新提升职务的工作人员，并应附送其本人档案正本；

（二）新设置的机构须经正式批准后，其人选方可报请任命，机构名称变更时可报请该工作人员的任命机关备案；

（三）报请任命的职务如系副职，且原已有副职者，应注明副职的排列顺序；

（四）报请任命新职务时应同时说明是否免去其原任职务或兼任职务；

（五）已经任命的工作人员，因病离职，需要免职的应报告任命机关免职；如有死亡，应报任免机关备案；

（六）工作人员未经任命机关任命前，报请机关不得事先公布。

**第十一条** 本办法经部长办公会议讨论通过并自发布之日起施行。

# 3. 中华人民共和国国务院关于设置和使用无线电台的管理办法

（1963年3月25日发布施行）

**第一条** 为了加强对无线电台设置和使用的管理，维护空中电波秩序，保障无线电通信的正常进行，制定本办法。

**第二条** 凡在中华人民共和国领域内设置和使用无线电台，都必须遵守本办法。

**第三条** 凡在中华人民共和国领域内设置和使用无线电台，必须事先向邮电部或设置所在地的省、自治区、直辖市人民委员会提出申请，经批准并发给证明文件后，方可设置和使用。

**第四条** 在中华人民共和国领域内设置和使用的无线电台，由邮电部和各省、自治区、直辖市邮电管理局负责监督和管理。

**第五条** 设置和使用无线电台的单位，必须遵照核定的项目进行工作，未经第四条规定的管理机构许可，不得任意变动。

**第六条** 船舶电台应自船舶进入港口时起，飞机电台应自飞机着陆时起，立即停止使用，直到船舶驶出港口或飞机起飞后，才能恢复使用。

**第七条** 违反本办法的单位和人员，应按情节轻重，给予适当处理。

**第八条** 本办法自发布之日起施行。

## 叁　出入境法规

# 1.进出口飞机、机员、旅客、行李检查暂行通则

（1951年5月24日政务院公布）

一、为统一进出口飞机、机员、旅客、行李检查工作，以保证飞航安全，维护国境治安，防止病疫传染，查禁走私，特制定本通则。

二、下列机关得按其主管业务范围，对进出口飞机、机员、旅客、行李物品施行检查：

（一）航空站（在未设民航管理机关的地区为民航局委托的空军站或空运业务机关，下同）负责检查外籍飞机飞航国境证件，飞机登记证书，飞机适航证书，机上无线电机执照，机员执照，飞航日记簿。

（二）公安机关，负责检查旅客护照证件，并配合海关（或关）同时检查旅客与机员所带行李物品，必要时得对个别可疑旅客或机员进行单独检查。

（三）检疫机关（在未设检疫机关的地区为当地卫生防疫机关，下同）负责检查机员、旅客病疫，飞机卫生设备及有关病疫预防工作和证件。

（四）海关（或关）负责检查旅客与机员所携行李物品与检查机上等有关查禁走私事项。必要时，得对于有走私嫌疑的机员及旅客，施行个别检查。

空运业务机关为保证飞航安全，对旅客所带行李物品（包括附带于身上者）认为需要察看时，以于公安机关或海关（或关）检查时同时察看为原则。

其他机关除经政务院特准者外，不得进行检查。

三、机员、旅客及行李物品，无论进出口，如无特殊情形，均

以检查一次为原则。

（一）来自国外者，在入境后第一个降落的航空站施行检查，前往国外者，在国境内最后经停的一个航空站施行检查；

（二）进出国境，非随身携带的行李物品，得分别在起运站或到达站施行检查。

**四、**飞机进出口的时间及其降停地点，由空运业务机关在当地所设之机关（其在当地未设机关者为当地航空站）负责预先通知各有关检查机关，按时依第二条之规定，同时进行联合检查。

**五、**飞机进口降落后或出口起飞前，机长或空运业务机关在当地所设之机关应具备载有机员及旅客姓名的舱单二份，以一份转交海关（或关），以一份由航空站转交各有关检查机关共同查阅，其他检查机关不得直接向机长或上述机关索取。

**六、**对各国外交人员的检查，依中央人民政府外交部之规定办理。

**七、**航空站及空运业务机关人员对当地各有关机关执行检查时应予协助。

**八、**本通则所称之检查系指第二条所列各款而言，其他如当地民航管理机关，空运业务机关对于飞机、海关（或关）对于货运监管、查验、征税等另有规定者，仍依照其规定，由各该主管机关办理。

**九、**国内来往飞机及其机员、旅客、行李物品，以不施行检查为原则；但有下列情形之一者，得由有关机关，通过空运业务机关，施行检查。

（一）飞机往来走私严重地区时。

（二）有特殊情形必须施行检查时。

以上检查，限于起运站施行，给予凭证，在到达站验证放行，不再检查。

**十、**在空运经常通航地点，由当地空运业务机关负责主持定期召集联合检查会议，由当地海关（或关）及公安、检疫、航空站各机关代表参加，会商有关检查工作中所发生的问题，并研究讨论如何统一步骤，分工配合及简化手续等事宜。

**十一、**飞机进出口的许可由航空站统一办理，其他机关一律不得借故阻留，如有特殊事故须禁止其降落或延缓其起飞时间者，必须通过航空站执行之。

**十二、**本通则公布施行后，中央各有关检查机关应即各就其主管业务范围，将对进出口飞机、机员、旅客、行李物品所有应行禁止限制取缔事项及规章法令通知民航局转知各空运业务机关，公告周知，其修改时亦同。

**十三、**本通则经政务院公布施行，过去各地原有检查办法与本通则有抵触者，即予废除。

## 2. 外国侨民出入及居留暂行规则

（1951年11月28日政务院公布）

**第一条** 外国侨民（以下简称外侨）在中华人民共和国（以下简称中国）境内出入及居留，除法令另有规定外，悉依本规则办理。

**第二条** 外侨非持有经中国驻外使领馆签证之护照，或外交部、或外交部指定之机关所发之入境证并经检查站查验登记加盖戳记者，不得入境。

**第三条** 外侨在中国境内居留，应向所在地公安机关申请居留登记并领取居留证。

外侨居留登记及居留证签发办法，由中央人民政府公安部另定之。

**第四条** 外侨在中国境内居留，应遵守中国人民政府法令。

**第五条** 外侨在中国境内居留，应遵守中国人民政府公安机关所规定之户口管理制度。

**第六条** 外侨在中国境内旅行，应向所在地公安机关办理旅行手续。

外侨旅行办法由中央人民政府公安部另定之。

**第七条** 外侨出境，应向所在地公安机关办理出境手续。

外侨出境办法，由中央人民政府公安部另定之。

**第八条** 外侨有左列情事之一者，得限令出境：

一、未持合法照证擅自入境者。

二、冒顶或伪造照证者。

三、无居留证或居留证逾期失效者。

四、受出境处分者。

**第九条** 未满十二岁之外侨儿童，办理居留、旅行、出境各项手续时，可附注于其父母或监护人照证栏内。十二岁以上者，按成人办理。

**第十条** 中国政府机关、企业、学校、团体雇用之外籍员工，依本规则办理。

**第十一条** 无国籍侨民依本规则办理。

**第十二条** 各国驻中国之外交官、领事官、公务人员及其他经中国外交部认为可享同样待遇者，不适用本规则。

**第十三条** 本规则公布前，所有已颁布的有关外侨出入及居留问题之实施办法，有与本规则相抵触者，即行废止，依本规则办理。

**第十四条** 本规则自中央人民政府政务院公布之日施行。

## 3.外国侨民居留登记及居留证签发暂行办法

（政务院批准　1954年8月10日公安部公布）

**第一条**　本办法依据外国侨民出入及居留暂行规则第三条制定之。

**第二条**　外侨在中国境内居留，应依下列规定亲向公安机关申请居留登记并领取居留证。

一、原居留中国境内者，向所在地公安机关办理；

二、经核准入境者，于到达照证内注明指定地点后三日内向当地公安机关办理。

**第三条**　外侨申请居留登记及领取居留证应办理下列手续：

一、呈验护照及其他有关证件；

二、填写居留登记申请书三份，并缴最近二寸半身免冠正面照片四张；

三、缴纳工本费。

**第四条**　外侨在中国境内有下列情事之一者，不发居留证，发给身份证。

一、无业游民及非正当职业者；

二、受人民政府法律惩处刑期未满者；

三、神经病患者。

**第五条**　居留证有效期限分为六个月、一年或数年，但最多居留期限不得超过五年，由签发机关根据实际情形分别决定之。持证者如欲在期满后继续居留时，应于期满一月前申请延期加签。居留两月以下者只发给临时居留证。

**第六条**　外侨在中国境内申请变更居留地点迁往其他市、县时，应领取迁移证（不另领旅行证）。

外侨迁移准用外国侨民旅行暂行办法第三条至第十条之规定，于到达迁入地点后三日内持居留证及迁移证向当地公安机关办理迁入登记。

外侨迁移不出原居留市、县时，毋须请领迁移证，但应于迁移前三日内持居留证向当地公安机关办理迁移登记。

**第七条** 外侨居留证如有毁坏、遗失，除毁坏者缴销原证，遗失者登报三日声明作废外，依第三条规定手续申请补领。

**第八条** 本办法公布前，所有已颁布的有关外国侨民居留登记及居留证签发之实施办法，有与本办法相抵触者，即行废止，依本办法办理。前已签发之居留证按照本规定尚未满期者，仍为有效。

**第九条** 本办法自中央人民政府政务院批准后中央人民政府公安部公布之日施行。

# 4. 外国侨民旅行暂行办法

（政务院批准　1954年8月10日公安部公布）

**第一条**　本办法依据外国侨民出入及居留暂行规则第六条制定之。

**第二条**　外侨在中国境内旅行，为下列情形者，应向所在地公安机关请领旅行证。

一、居留城市，远出所在城市辖界者；

二、居留县镇或乡村，远出县辖界者。

**第三条**　外侨旅行应经由县、市级以上之公安机关核准发给旅行证后方准旅行。

**第四条**　外侨申请旅行，应办理左列手续：

一、呈验居留证；

二、填写旅行申请书两份，并缴最近二寸半身免冠正面照片一张；

三、缴纳工本费。

**第五条**　外侨旅行应按照旅行证内注明之地点、路线、交通工具、期限，不得违反。如在旅行途中因疾病或交通障碍等，需更改旅行路线、交通工具或延长期限时，应向旅途当地公安机关申请，经加签后方准变更。

**第六条**　旅行期限，由办理机关根据实际情形决定之。

**第七条**　外侨在中国境内旅行，于沿途城镇，除经事先核准者外，不得停留。但有正当理由必须停留时，应即时向当地公安机关报告来去时间、停留原因及旅行事宜。

**第八条**　旅行证如有毁坏、遗失，毁坏者缴销原证，遗失者登报声明作废后，依第四条规定手续申请补领。如系在途中毁坏、遗失时，可呈报旅途当地公安机关，申述原由，办理临时通行手续。

**第九条** 外侨在中国境内旅行时，应服从沿途军警卡哨之检查，不得违抗。

**第十条** 各地公安机关及军警卡哨，如发现外侨于旅行途中有下列情事之一者，得阻止其旅行，或依法惩处。

一、未带旅行证件者；

二、所带旅行证件系冒顶、伪造、涂改、毁坏者；

二、携带违禁物品者；

四、有违反本办法之任何规定者；

五、有违反中国人民政府其他法令者。

**第十一条** 旅行证使用完毕，即向原发机关或检查站缴销。

**第十二条** 本办法公布前，所有已颁发的有关外国侨民旅行之实施办法，有与本办法相抵触者，即行废止，依本办法办理。

**第十三条** 本办法自中央人民政府政务院批准后中央人民政府公安部公布之日施行。

# 5.外国侨民出境暂行办法

（政务院批准　1954年8月10日公安部公布）

**第一条**　本办法依据外国侨民出入及居留暂行规则第七条制定之。

**第二条**　外侨于迁出中国国境时，应亲向所在地县、市级以上之公安机关申请出境，听候审核。

**第三条**　外侨申请出境应办理左列手续：

一、呈验护照及居留证或其他证件；

二、填写出境申请书两份，并缴最近二寸半身免冠正面照片三张；

三、经持有有效的证明，足以申明本人在中国境内确无债务纠纷、欠纳租税与未了民刑案件；

四、缴纳工本费。

**第四条**　凡与中国建有外交关系国家，其居留中国之侨民申请出境，经核准后持有护照者，给予办理出境签证，无护照者发给出境证。

凡与中国无外交关系国家，其居留中国之侨民及无国籍侨民申请出境，经核准后，发给出境证。

**第五条**　外侨出境签证及出境证签发，应由所在地省、市级以上之公安机关办理，并收回居留证。不另发旅行证。

**第六条**　出境签证与出境证期限，由签发机关根据实际情形决定之。

**第七条**　外侨出境应按照出境签证或出境证内注明之地点、路线、交通工具、期限，不得违反。如在出境途中，因疾病或交通障碍等，需更改路线、交通工具、或延长期限时，应向旅途当地公安机关申请，经加签后，方准变更。

**第八条** 出境外侨于沿途城镇，除经事先核准者，不得停留。但有正当理由必须停留时，应即时向当地公安机关报告来去时间及停留原因。

**第九条** 出境证如有毁坏、遗失，毁坏者缴销原证，遗失者登报声明作废后，依第三条规定手续申请补领。如系在途中毁坏、遗失时，可呈报当地公安机关申述原由办理补领。

**第十条** 外侨出境时，应服从沿途军警卡哨之检查，不得违抗。

**第十一条** 各地公安机关及军警卡哨，如发现外侨于出境途中有下列情事之一者，得阻止其出境，并得依法惩处。

一、护照未经签注出境签证或未带有出境证者；

二、所带出境证件系冒顶、伪造、涂改、毁坏者；

三、携带违禁物品者；

四、有未了结之案件、税款、债务纠纷者；

五、有违反本办法之规定者；

六、有违反中国人民政府其他法令者。

**第十二条** 出境证使用完毕，向出境地点之检查站缴销。

**第十三条** 本办法公布前，所有已颁布的有关外侨出境之实施办法，有与本办法相抵触者，即行废止，依本办法办理。

**第十四条** 本办法自中央人民政府政务院批准后中央人民政府公安部公布之日施行。

# 6.海关对进出国境旅客行李物品监管办法

（1956年2月20日对外贸易部发布）

## 第一章　总　则

**第一条**　进出国境旅客和他们的行李物品必须经由设有海关机关的地方通过。

**第二条**　进出国境旅客的行李物品，应当以本人自用或家用的为限。

**第三条**　查验旅客行李物品的时间和场所由海关指定，查验时旅客或他的代理人应当到场。必要时海关可以单独进行查验。旅客在海关查验行李前，须填定“旅客行李物品申报单”（附件四）向海关申报，并且将申报规则第四项所列物品，单独交由海关查验。因公经常进出国境的邮政和运输机构的工作人员以及其他有权经常进出国境的人员，可用口头申报，不另填申报单。

**第四条**　中华人民共和国政府首长、中国驻外国和外国驻中国的外交官及领事官、外交信使、应邀来中国工作的专家、中国与外国的政府代表及人民团体代表的行李物品的放行按照有关规定办理。

归国华侨行李物品，除按本办法监管外，应当按照海关对归国华侨行李物品优待办法办理。

**第五条**　对来自和前往香港或澳门的旅客行李物品的监管，另有规定。

**第六条**　禁止进口或禁止出口的物品，应当由海关扣留，扣留的物品由所有人或他的代理人，在6个月以内退回国外或运回国内任何地点，过期不退运的由海关变价缴库。但由于政治、道德、卫生或检疫等原因而被扣留的物品，都不发还。

**第七条** 旅客携带的金、银（包括黄金、白金、白银和它们的制成品）、珠宝饰物、货币、票据、有价证券、邮票和国家规定须经检疫或者须经审查的物品，除在本办法内已有规定的以外，按照国家有关法令办理。

## 第二章 入境旅客

**第八条** 入境旅客的行李物品，在自用、家用范围以内的免领进口许可证，免征关税、货物税或商品流通税放行，但是本办法附件（二）所列物品，应当受附件规定数量的限制。超出规定限量的物品，如果还是在自用、家用范围以内的，对超过部分，准征收关税、货物税或商品流通税放行。

**第九条** 超过自用、家用范围的物品，不准进口，限6个月以内（易腐物品限5日内）由旅客或他的代理人退运国外，过期不退，由海关变价缴库。

**第十条** 入境旅客携带金、银（包括黄金、白金、白银和它们的制成品）应当向海关登记，由海关发给证明书，免证免税进口；但是每人携带的金饰、银饰、银质器皿不超过附件（三）规定限量的免予登记。

**第十一条** 入境的行李物品，应当在入境地海关查验；但是经铁路联运或飞机托运的行李物品，可以在到达站海关查验。旅客如有分离运输的行李物品，必须在申报单内注明，由海关发给证明书，并且在分离运输行李物品到达时另填申报单，连同证明书报请海关查验。

分离运输的行李物品必须自旅客入境之日起1年期限以内运到，才准连同已经放行的行李合并计算，按本办法第八条的规定验放。

**第十二条** 自运输工具申报进口之日起满6个月（易腐物品限5日内）还未向海关报领的行李物品，由海关变卖，所得价款，先扣缴各项税费，余款在6个月期限内经旅客申领，并经海关查明无违法情事的予以发还，过期无人申领，即归入国库。

**第十三条** 暂时居留我国不超过6个月的旅客所带应税物品，如果在入境时向海关保证复运出境，可准免征关税、货物税或者商品流通税放行。

所带金、银（包括黄金、白金、白银和它们的制成品）、珠宝饰物应当向海关登记，由海关发给证明书，以便出境地海关凭证验放。金、银、珠宝饰物不超过附件（三）规定的限量的，可免登记。

所带外币、外币票据和有价证券，应当在海关监管下，交由当地中国银行按照现行外汇管理办法办理。

保证复运出境的物品，未经海关许可，擅自留在国境以内，由海关扣留，限期6个月复运出境，过期由海关变卖，所得价款归入国库。如有私自出卖情事，按走私处理。

## 第三章　出境旅客

**第十四条**　出境旅客的行李物品，在自用、家用范围以内的，可以免领出口许可证放行，但是本办法附件（三）所列物品应当受附件规定数量的限制。

**第十五条**　超过自用、家用范围和附件（三）规定限量的物品，不准出口，限期6个月以内（易腐物品限5日内）由旅客或他的代理人领回，过期不领，由海关变价缴库。

**第十六条**　出境的行李物品应当在出境地海关查验；但是经铁路联运或飞机托运的行李物品可以在起运站海关查验。分离运输行李物品的报验手续，参照本办法第十一条的规定办理。

## 第四章　过境旅客

**第十七条**　过境旅客的行李物品，必须由旅客填写“旅客行李物品申报单”两份向入境地海关报请查验，除途程必需应用的部分外，可以报请海关加封，由出境地海关核对封志放行，未经加封的物品，凭旅客入境填写的申报单核放。

**第十八条**　过境旅客的行李物品，未经海关许可，擅自留在国境以内，由海关扣留，限期6个月运出国境，过期由海关变卖，所得价款归入国库。如有私自出卖情事，按走私处理。

## 第五章　附　则

**第十九条**　本办法自1956年3月1日起实行。

## 附件（一）

### 禁止进口物品

1.各种武器、弹药和爆炸物品。

2.无线电器材管理条例规定应当受管制的器材。

3.中国货币。

4.中国货币票据和有价证券。

5.对中国政治、经济、文化、道德有害的印刷品（包括日记本、历书、图片、乐谱、书报、刊物、广告等）、手稿、誊写本、铅版、纸版、底片、照片、留声机唱片、电影片、已录音的录音带等。

6.使人能成瘾癖的麻醉药品和鸦片、吗啡、海洛因、可卡因（高根）等毒品和吸食毒品的用具、烈性毒药。

7.彩票。

8.已摄影未经冲洗的底片和胶卷。

9.活鸽子。

### 禁止出口物品

1.各种武器、弹药和爆炸物品。

2.无线电器材管理条例规定应当受管制的器材。

3.中国货币。

4.中国货币票据和有价证券。

5.外国货币、外国货币票据和有价证券。

6.黄金、白银、白金和上项贵重金属制成品〔附件（三）规定限量除外〕。

7.有关中国革命的、历史的、文化的、艺术的珍贵文物图书。

8. 内容涉及国家机密的和不准出口的印刷品、手稿、誊写本、铅版、纸版、底片、照片、已录音的录音带等。

9. 已摄影未经冲洗的底片和胶卷。

10. 珍贵禽兽。

11. 活鸽子。

## 附件（二）

### 进口免领许可证免征关税、货物税或者商品流通税进口物品限量表

| 物　品 | 限　量 | 备　注 |
|---|---|---|
| 1. 手表及怀表 | 每人各1个 | |
| 2. 自来水笔及自动铅笔 | 每人各1支 | |
| 3. 照相机 | 每1家庭1个 | |
| 4. 收音机 | 每1家庭1架 | |
| 5. 留声机连同合理数量的唱片 | 每1家庭1架 | |
| 6. 打字机 | 每1家庭1架 | |
| 7. 缝纫机连同合理数量的车针 | 每1家庭1架 | |
| 8. 脚踏车 | 每人1辆 | |
| 9. 机器脚踏车 | 每人1辆 | |
| 10. 手风琴 | 每人1个 | |
| 11. 家庭电影放映机及电影摄影机 | 每1家庭1套 | |

## 附件（三）

### 免领许可证出口物品限量表

| 物　品 | 限　量 | 备　注 |
|---|---|---|
| 1. 珠宝饰物 | 每人价值人民币500元 | |
| 2. 白金饰物 | 每人3市钱的纪念性戒指1个 | |
| 3. 黄金饰物 | 每人1市两 | |
| 4. 银质饰物 | 每人10市两 | |
| 5. 银质器皿 | 每人20市两 | |

# 附件（四）

______关

旅客行李物品申报单

填写申报单前请先参阅背面申报规则

姓名：______ 国籍：______ 通讯处：______

运输工具名称：______ 自______

到达______ 前往______

同行家属：______

兹申报本人所携手提物品共___件，行李物品___件（包括联运起票行李在内），在以上行李物品中有下列物品：

| 顺序号 | 物品名称 | 数量或金额 |
|---|---|---|
| 1. | 各种武器、弹药和爆炸物品 | |
| 2. | 无线电器材 | |
| 3. | 中国货币 | |
| 4. | 中国货币票据和证券 | |
| 5. | 外国货币 | |
| 6. | 外国货币票据和证券 | |
| 7. | 麻醉药品、烟毒品、烈性毒药 | |
| 8. | 彩票 | |
| 9. | 未经冲洗的底片和胶卷 | |
| 10. | 贵重金属（白金、黄金、白银和金银制品） | |
| 11. | 珠宝饰物 | |
| 12. | 手表或怀表 | |
| 13. | 自来水笔及自动铅笔 | |
| 14. | 照相机 | |
| 15. | 收音机 | |
| 16. | 留声机 | |
| 17. | 打字机 | |
| 18. | 缝纫机 | |
| 19. | 手风琴 | |

除上列行李物品外，另有分离运输行李____件，将于____月内在______进口/出口。

（口岸名称）

旅客签名：______

____年___月___日 关员签字：______

## 申报规则

1.申报单印有中、俄、英三国文字，旅客可以任择其中一种文字填写。

2.旅客须将申报单所列物品逐项据实填写数量或价值，不得涂改；如未携带该项物品，可在有关栏内填写“无”字。

3.旅客如有虚报情事，应负中华人民共和国暂行海关法所规定的走私责任。

4.印刷品、手稿、誊写本、图样、画片、乐谱、铅版、纸版、底片、照片、留声机唱片、已录音的录音带、电影片、珍贵文物、图书等物品，须由旅客单独交给海关查验。

## 7.海关对归国华侨携带行李物品优待办法

（1956年2月20日对外贸易部发布　自1956年3月1日起实行）

**第一条**　依据中华人民共和国暂行海关法第一百六十九条的规定制定本办法。

**第二条**　归国华侨须持有下列证件，并且经入境地边防公安检查机关认可，才可以享受本办法的优待：

（一）来自与我国已建立邦交的国家，须持有中华人民共和国的护照，或地方外事机关或我驻外使领馆签发的证件；

（二）来自尚未与我国建立邦交的国家，须持有当地居留证件或者其他足以证明华侨身份的证件。

在国外连续居住时间不满1年或者在1年以内来往国内外超过1次以上的归国华侨，不能享受本办法的优待。

**第三条**　归国华侨的行李物品除按“海关对进出国境旅客行李物品监管办法”内规定免税进口者外，其余应当征收关税部分分别按下列规定办理：

（一）年龄在16岁以上的华侨，所携应征关税物品的税额每人不超过人民币150元的免征；

（二）年龄不满16岁的，应征关税物品的税额每人不超过人民币50元的免征；

（三）没有直系亲属同行年龄不满16岁的回国求学的华侨学生，所携行李物品按本条（一）项规定优待；

（四）举家搬回国内的华侨，每人（不论年龄大小）免征关税额为人民币300元。

归国华侨携带应征关税物品税额超过前列各项规定免税额时，

只征其超额部分。

免征关税的物品，同时免征货物税或者商品流通税。

**第四条** 归国华侨携带按照“海关对进出国境旅客行李物品监管办法”第九条规定须退运国外的物品，按下列规定办理：

（一）成批的商品交国营公司按下列规定收购，并且由国营公司负责按章缴纳关税、货物税或者商品流通税：

一、属于进出口货物管理附表准许进口类物品按到岸价格酌加利润收购；

二、属于进出口货物管理附表特许或者禁止进口类物品按到岸价格收购。

（二）零星物品由海关按章征收关税并代征货物税或者商品流通税放行。

**第五条** 归国华侨代国外华侨带给国内直系亲属或者带给在经济上依赖华侨生活的旁系亲属的少量自用物品，经海关查明属实，征收关税，并代征货物税或者商品流通税放行。

归国华侨代现在国内求学的华侨学生携带上述物品，如果有关学生无力完税，经所在学校证明，可酌情减、免关税、货物税或者商品流通税放行。

**第六条** 本办法自1956年3月1日起实行。

## 8.海关对来往香港或澳门旅客行李物品监管办法

（1956年2月20日对外贸易部发布）

**第一条** 来自或前往香港、澳门（以下简称港澳）的旅客所携带的行李物品，按照本办法的规定验放。在本办法规定范围内的行李物品，准免领许可证。

**第二条** 自港澳举家迁移回来的旅客和首次回内地就学的学生（有确实证明文件的）所携带的自用行李物品，可以比照“海关对进出国境旅客行李物品监管办法”的规定验放。

**第三条** 来自港澳将在内地居住3个月以上的旅客（有确实证明文件的）及由内地往港澳居住3个月以上的旅客，在他们进来时所携带的自用物品，除旅途必需的衣着、食品、盥洗用具等免税放行外，在到岸价格人民币50元以内的准征收关税、货物税或商品流通税放行。

**第四条** 来自港澳将在内地居住不满3个月的旅客及由内地往港澳居住不满3个月的旅客，在他们进来时所携带的自用物品，除旅途必需的衣着、食品、盥洗用具等免税放行外，在到岸价格人民币15元以内的准征收关税、货物税或商品流通税放行。

**第五条** 来自港澳的旅客所携带的应税物品，如经旅客保证回港澳时带出并经海关认可的，可在登记后免税放行，不计入限值内。保证带回港澳的物品如不按时带出，以走私论处。

**第六条** 前往港澳的旅客所带行李物品在自用、家用范围合理数量内的，准予放行。短期仍拟返回的旅客，如带有回程必须完税的物品，可以向海关登记，回程时凭以免税核放。

**第七条** 来自港澳的旅客不准携带本办法附件（一）所列物品；

前往港澳的旅客不准携带本办法附件（二）所列物品，如有违犯，依法处理。

**第八条** 旅客所携带的行李物品如超过本办法第三、四、六各条的规定，来自港澳的由海关扣留，限期退运港澳，逾期不退运的由海关变价缴库；前往港澳的不准带出。

**第九条** 来自或前往港澳的旅客所携带的金、银及其制品，外币和珠宝饰物，按本办法附件（三）限量表的规定放行，所携带的外国货币票据、有价证券，按国家银行的规定办理。

**第十条** 根据本办法放行的自用物品，不得出卖牟利，如有违犯，按走私行为处理。

**第十一条** 本办法自1956年3月1日起实施。

## 附件（一）

### 来自港澳旅客不准携带下列物品

一、各种武器、弹药和爆炸物品。

二、无线电器材管理条例规定应当受管制的器材。

三、中国货币。

四、中国货币票据和有价证券。

五、对中国政治、经济、文化、道德有害的印刷品（包括日记本、历书、图片、乐谱、书报、刊物、广告等）、手稿、誊写本、铅版、纸版、底片、照片、留声机唱片、电影片、已录音的录音带等。

六、使人能成瘾癖的麻醉药品；鸦片、吗啡、海洛因、可卡因（高根）等毒品和吸食毒品的用具；烈性毒药。

七、彩票。

八、已摄影未经冲洗的底片和胶卷。

九、活鸽子。

## 附件（二）

### 前往港澳旅客不准携带下列物品

一、各种武器、弹药和爆炸物品。

二、无线电器材管理条例规定应当受管制的器材。

三、中国货币。

四、中国货币票据和有价证券。

五、外国货币、外国货币票据和有价证券。

六、黄金、白银、白金和上项贵重金属制成品〔附件（三）规定的除外〕。

七、有关中国革命的、历史的、文化的、艺术的珍贵文物图书；

八、内容涉及国家机密的和不准出口的印刷品、手稿、誊写本、铅版、纸版、底片、照片、已录音的录音带等。

九、已摄影未经冲洗的底片和胶卷。

十、珍贵禽兽。

十一、活鸽子。

## 附件（三）

### 来往香港或澳门旅客携带金、银、外币和珠宝饰物限量表

金、银及其制品：

来自港澳：数量不限制，但应在入境地海关办理登记手续。

前往港澳：限金饰三市钱，银饰一市两，银质器皿四市两。（前往港澳居住不满三个月的旅客应保证回程时带回，违者以走私论处。来自港澳的回程旅客，以在入境时向海关登记的数量为限）

外币：

来自港澳：交由银行兑换人民币或作原币存款，或由银行暂时保管，在国家银行规定时期内，可以在离境时发还或支取原币，逾期兑换人民币。

前往港澳：凭银行携带证放行。

珠宝饰物：

来自港澳：总值在人民币300元以内的免税，超过部分征税放行。

前往港澳：总值限50元以内，超过的不准携带。前往港澳居住不满三个月的旅客必须保证复带回来，违者以走私论处；来自港澳的回程旅客，以在入境时由海关登记的物品数量为限。

# 9.海关对进出口礼品放行办法

（1958年7月1日对外贸易部第二次修订发布）

**第一条** 凡为增进国际友谊或者基于国际事务上的工作关系而赠送的进出口礼品，以及海外华侨热爱祖国、关心社会事业而赠送的进口礼品，由海关按照本办法的规定办理。

**第二条** 符合本办法第三、四、五条规定的礼品，免领进出口许可证。

**第三条** 下列进出口礼品，由海关分别核凭接受或者赠送单位的书面证明，免验并且免征关税放行：

（一）外国政府机关、团体、学校或者个人赠送我国领袖、省（市）级和省（市）级以上的政府机关、政府首长（中央部长级以上及其相当职级人员），或者高等院校，省（市）级和省（市）级以上的人民团体及其主要负责人的礼品；

（二）外国政府机关、团体、学校赠送我国省（市）级和省（市）级以上的政府机关、人民团体，或者高等院校的工作人员的礼品，经有关单位的负责人的核准接受并且出具证明的；

（三）来我国访问、参观、展览、谈判或者参加会议的外国代表团和外宾携带寄运进口的礼品；

（四）我国派往国外访问、参观、展览、谈判或者参加会议的代表团及其成员在国外接受的礼品，经代表团的负责人出具证明的；其在代表团回国后陆续由国外运来的礼品，如果原代表团已经解散，可以凭有关机关、团体的书面证明放行；

（五）我国领袖、政府首长、省（市）级和省（市）级以上的政府机关、人民团体或者高等院校赠送外国政府机关、团体、学校或者个人的礼品；

（六）我国派往国外访问、参观、展览、谈判或者参加会议的代表团携带寄运出口的礼品。

**第四条** 我国省（市）级以下的政府机关、人民团体或者国营企业和医院与外国政府机关、团体、企业和医院相互赠送的礼品，应当由接受或者赠送单位出具证明。进口的礼品，价值在人民币500元以内的，可以由各关关长批准免征关税放行；价值在人民币500元以上的，由各关请示当地省（市）、自治区人民委员会决定征税或者免税放行。

**第五条** 海外华侨集体或者个人赠送国家领袖、省（市）级和省（市）级以上的政府机关、政府首长（中央部长级及其相当职级人员），或者高等院校、省（市）级和省（市）级以上的人民团体及其主要负责人的礼品，由海关核凭接受单位的证明，免验并且免征关税放行。对赠送给省（市）级以下政府机关、人民团体或者国营企业、学校、医院、人民公社、农业生产合作社和寺院的礼品，海关核凭接受单位所在地省人委的书面证明，免税或者征税放行。

**第六条** 港澳同胞集体或者个人赠送的礼品，可以比照本办法第五条的规定办理。

**第七条** 免征关税的礼品，同时免征货物税或者商品流通税及其他税费。

**第八条** 进出口礼品中的书、报、杂志、文物、电影片、唱片、幻灯片等，由省（市）级和省（市）级以上的政府机关、人民团体、高等院校接受或者赠送的，应当由接受或者赠送单位负责联系有关主管机关审查批准。

**第九条** 有关单位或者个人如果出售免税进口的礼品，应当向海关补纳关税、货物税或者商品流通税。

违反前款规定的，由海关按照暂行海关法的有关规定处理。

**第十条** 本办法由海关总署解释。

**第十一条** 本办法自1958年7月15日起实施。

# 10.海关对来自和开往香港、澳门小型船舶监管办法

（1958年7月7日对外贸易部发布）

## 第一章 总 则

**第一条** 本办法所称小型船舶是指来自和开往香港、澳门，登记吨位在300吨以下的机动船舶和不论吨位大小的被拖客货驳船、风帆船（以下简称小型船舶）。

小型船舶应当悬挂由港务机关会同海关规定的旗号和灯号。

**第二条** 小型船舶，除按本办法第二十八条的规定特准从未设关地点装运货物出口外，应当在设有海关的口岸进出，上下旅客和装卸货物。船舶进口、出口和在港内停泊期间，应当受海关监管。

小型船舶，除经海关特许以外，都应当装置封仓设备。

**第三条** 小型船舶，在来自或开往香港、澳门的途中，非经海关许可，不准拖带内河运输的船舶和在未设关的地方停靠。如果由于不可抗力的原因，在中途未设关的地方停靠，船长应当将停靠的原因、时间和地点，用书面向到达地或经过的海关报明。

**第四条** 往来内河口岸与香港、澳门间的小型船舶，必须经过监管站停靠，接受海关检查。

**第五条** 进口小型船舶到达监管站和口岸的时间，以及在口岸上下旅客、装卸货物的时间和地点，港（航）务机关或者有关部门应当预先通知海关。

**第六条** 小型船舶在港内的停泊地点和上下旅客、装卸货物的区域，应当由海关、港（航）务机关会同规定。

**第七条** 小型船舶，进口在海关检查完毕以前和出口经海关放

行以后，其他水上交通工具，未经海关许可，一律不准靠拢。在船舶上下旅客、装卸货物期间，除驳运客、货和工作人员的水上交通工具外，其他水上交通工具不准靠拢。

**第八条** 海关检查船舶的时候，船长应当派员到场，如果需要开拆船上可能藏匿私货的部分，船长应当立即照办；如果发现有为藏匿走私物品的特制设备，船长应当根据海关的决定，予以拆毁。海关检查船员房间和船员行李的时候，有关船员或者他的代表应当在场，如果需要开启放置物品的处所或者开拆行李、包件，他们应当负责办理。

**第九条** 小型船舶上下旅客，装卸行李物品、货物、船用燃料、物料、垫仓、压仓物料和国际邮袋，应当按照海关规定办理手续，并且在海关监管下进行。

**第十条** 海关执行监管职务的时候，港（航）务机关应当免费供给必要的办公处所和水上交通工具。

## 第二章 小型船舶的接受

**第十一条** 小型船舶进口后，在海关检查完毕以前，除检查人员外，任何人不准擅自上下。

**第十二条** 海关接受小型船舶的时候，船长应当向值勤关员递交下列文件（不经过监管站的小型船舶（一）（三）两项文件只交一份）：

（一）小型船舶进口报告书二份；

（二）进口载货清单二份（无货的时候免交）；

（三）旅客清单二份（没有旅客的时候免交）；

（四）航行签证簿（由海关签证后发还船长）。

海关认为必要的时候，可以收取或者查看其他文件。

**第十三条** 小型船舶进（出）口报告书（附格式一）[①]，应当由船

① 格式一从略。

长按照所列项目详细填写并签字。

**第十四条** 小型船舶在香港、澳门装配机器零件或者添购船用燃料、物料，应当按照规定交验有关证件、帐单和发票，由海关（或者监管站）按照有关规定办理。

**第十五条** 经监管站进口的小型船舶，在到达口岸的时候，船长应当把航行签证簿和监管站交带的关封递交口岸海关。

**第十六条** 船上所存和船长、船员携带进口的外币，应当由船长集中保管，由海关核点加封（经监管站进口的船舶由监管站加封）。小型船舶携有在出口时经海关加封的人民币备用金，应当由船长向海关（或者监管站）交验，由海关予以启封。

对于不经监管站出口的小型船舶，如果在国内沿海航行途中，有使用人民币备用金的情事，船长应当用书面将使用的原因和数量向海关（或者监管站）报明。

## 第三章 货物的起卸和装船

**第十七条** 海关检查船舶完毕，并审核船长递交的文件无讹后，口头批准卸货。进口货物除在船边交接提运的，由船长验凭海关签印的提货单向货主交货外，应当按照载货清单卸入海关认可的仓库场所。

**第十八条** 出口货物，船长应当凭海关签印的装货单装船。

**第十九条** 小型船舶装卸货物的时候，应当按照装货单或者进口载货清单分清每批货物的件数。如果发现计算件数错误或者未按本条规定办理，船长应当根据海关的指示，立即会同有关交接单位进行查对、纠正。

**第二十条** 小型船舶装卸货物的时候，如果发现有退关、短卸，或者没有列入载货清单的货物，船长应当在出、进口载货清单上注明情况，由海关按照有关规定处理。

## 第四章 小型船舶的放行

**第二十一条** 小型船舶在旅客上船和装载货物完毕后，船长应当向海关报明，并且递交下列文件（不经过监管站的小型船舶只交一份）：

（一）小型船舶出口报告书二份；

（二）出口载货清单二份（无货的时候免交）；

（三）旅客清单二份（无旅客的时候免交）；

（四）航行签证簿（由海关签证后发还船长）。

海关认为必要的时候，可以收取或者查看其他文件。

海关收到上项文件后，进行检查。检查的时候，船员应当全体到齐；检查后，非经海关许可，任何人不准上下。

**第二十二条** 船长应当将进口时经海关加封的外币，交由海关启封（经监管站出口的船舶由监管站启封）。船舶携带出口的船用人民币备用金，由海关核点加封。

**第二十三条** 经监管站出口的小型船舶到达监管站的时候，船长应当将航行签证簿和口岸海关交带的关封递交值勤关员办理检查、放行手续。

## 第五章 船员携带自用物品的检查和放行

**第二十四条** 小型船舶船员携带的留船自用物品，以本人在船上工作与生活必需、数量合理的为限。此项留船自用物品应当详细填报在“来自和开往香港、澳门小型船舶船员携带自用物品手册”（以下简称手册——附格式二[①]）上，于每次进口或出口的时候交由海关（经监管站进、出口的船舶交由监管站——以下同）核查。

上项物品如果留在岸上或者已经消耗、废弃，都应当于船舶进、出口的时候报由海关核查，在手册上批注。

**第二十五条** 小型船舶船员增添留船自用物品的时候，应当在手册上报明，经海关审核确属留船自用，并且数量合理的，才准许

① 格式二从略。

携带进、出口，并由海关在手册上批注。

上项携带进口的留船自用物品，每人每月内一般以不超过价值人民币二元为限。

禁止进口和出口的物品，不准携带。

**第二十六条** 小型船舶船员调离港、澳航线的时候，应当向海关报明，由海关将手册收回注销。

## 第六章 附 则

**第二十七条** 有违犯本办法的情事，按照中华人民共和国暂行海关法有关规定处理。

**第二十八条** 小型船舶，经海关特许，可以从未设关地点装运货物出口。这些船舶和兼营沿海运输的小型船舶，由海关按照有关规定并参照本办法进行监管。

**第二十九条** 本办法自1958年9月1日起实施。

# 11.海关检查揭发进出口货运事故办法

（1958年9月5日对外贸易部修订发布）

**第一条** 为了贯彻我国建设社会主义的总路线，促进进出口货物在口岸上及时、正确、安全地装卸、保管和运输，防止对外贸易货运遭受经济上的损失和造成政治上的不良影响，特制定本办法。

**第二条** 海关在口岸上对进出口货运中的下列事故有责任检查和揭发：

（一）包装不良或者标记错乱、模糊所造成的事故；

（二）装卸、保管、运输不当所造成的事故；

（三）没有及时装卸和提（续）运所造成的事故；

（四）其他事故。

**第三条** 海关在发现有造成货运事故的现象时，同样要检查和揭发。以便防止事故的发生。

**第四条** 海关对上述事故或者现象，应当分析原因和性质，根据情况采用以下方法，督促有关部门改进：

（一）口头向有关部门提出意见；

（二）用“货运事故通知单”或者备函通知有关部门；

（三）通知有关部门的上级机关、当地党政领导机关、监察部门或者公安部门；

（四）报请当地党政领导机关召开口岸有关部门的座谈会，由海关报告事故情况，共同研究总结经验教训，决定改进办法；

（五）其他有效的办法。

**第五条** 对包装破损或者遭受残损的货物，如果不立即整理，势必扩大损失的，海关应当督促有关部门迅速整理妥善后，再放行货物。

**第六条** 海关应当注意有关部门对所揭发的货运事故的反映，并且了解他们采取防止事故的措施和改进的情况。

**第七条** 本办法由对外贸易部海关总署解释。

**第八条** 本办法自1958年9月15日起实施。

## 12. 海关对国际航行船舶船员携带自用物品监管办法

（1958年10月1日对外贸易部修订发布）

**第一条** 为了保证对外贸易管制制度的有效执行，并且适当照顾国际航行船舶船员（以下简称船员）的需要，特制定本办法。

**第二条** 船员只准按照本办法的规定携带自用物品进出口，不准携带货物或者代人携带物品。

**第三条** 船员携带物品进出口必须向海关申报，经海关查验放行后才准携带起岸或者携带上船。

船员所带的不起岸的自用物品，应当按照暂行海关法第三十三条的规定办理。

**第四条** 船员携带物品进口，应当在船舶到达中国第一个港口的时候，向海关办清手续。但是有特殊情况的，经海关核准后，可以在另一个设有海关机构的港口办理海关手续。

**第五条** 船员按照本办法第六条和第七条规定携带物品进出口，免领进出口许可证。

**第六条** 船员所带物品，符合本办法附件二规定的品种和限量的，免税放行。超过规定的品种和数量，但是仍属自用、数量合理并且到岸价格在人民币10元以内的，可以由海关按章征收关税并且代征工商统一税后放行；超出人民币10元的物品，除经海关特准的以外，不准进口。

**第七条** 船员购买合理数量自用物品携带出口，必须向海关交验外币兑换单或者向轮船代理公司借支人民币的清单，海关凭以核放有关物品。

不能交验上述单据的，除经海关特准的以外，不准携带购买的物品出口。

**第八条**　船员携带进出口的外币、外币票据、证券等，由海关按照国家有关法令规定监管；所带进口的金银、珠宝、钻石饰物等，应当向海关登记，才准在出境的时候携带原物出口。

**第九条**　船员所带属于禁止进口或者禁止出口的物品，由海关扣留。扣留的物品，应当由船员在六个月内退运国外或者国内任何地点，过期不退，由海关变卖，所得价款归入国库。但是由于对政治、文化、道德、卫生有害或者经检疫机关认为有疫病而被扣留的物品，都不发还。

**第十条**　违反本办法第三条的规定以及将海关根据本办法放行的自用物品出售牟利，或者未经海关批准将不起岸的物品擅自携带上岸并留在国境以内，由海关按照暂行海关法的有关规定处理。

**第十一条**　来自或者开往香港和澳门的小型船舶船员携带自用物品的监管，另行规定。

**第十二条**　本办法附件所规定的物品的品种和数量，由对外贸易部海关总署根据具体情况随时修订公告。

**第十三条**　本办法由对外贸易部海关总署解释。

**第十四条**　本办法自1958年10月15日起实施。

**附件一**

**禁止进口物品**

1.各种武器、弹药和爆炸物品。

2.无线电器材管理条例规定应受管制的器材。

3.中国货币。

4.中国货币票据和有价证券。

5.对中国政治、经济、文化、道德有害的印刷品、手稿、笔记、铅版、纸版、底片、照片、留声机唱片、电影片、已录音的录音带等。

6.使人能成瘾癖的麻醉药品和鸦片、吗啡、海洛英、可卡因（高根）等毒品和吸食毒品的用具、烈性毒药。

7.彩票。

8.已摄影未冲洗的底片和胶卷。

9.活鸽子。

**禁止出口物品**

1.各种武器、弹药和爆炸物品。

2.无线电器材管理条例规定应受管制的器材。

3.中国货币。

4.中国货币票据和有价证券。

5.外国货币、外国货币票据和有价证券。

6.黄金、白银、白金和上项贵重金属制成品。

7.有关中国革命的、历史的、文化的、艺术的珍贵文物图书。

8.内容涉及国家机密的和不准出口的印刷品、手稿、笔记、铅版、纸版、底片、照片、已录音的录音带等。

9.已摄影未冲洗的底片和胶卷。

10.珍贵禽兽。

11.活鸽子。

**附件二**

## 船员携带进口物品免税限量表

以下限量均以月为单位。几个月才来往一次的船员所带物品仍按一个月限量核放。

**日用品类**

洗衣皂　4条（块）

香皂、牙膏、牙刷、面巾、梳子　各1件

刀片　1包（不超过5片装的）

烹饪器皿　1件

火油　1公斤

蚊油　1／2公斤

**食品类**

食糖（包括白糖、冰糖、砂糖）1公斤

糖果　1／2公斤

糕点、饼干　1公斤

罐头食品　2罐（不超过1公斤）

乳腐　2小罐

其他散装食品　1公斤

普通海产品　1公斤

**药　品**

中式成药　价值不超过人民币2元

西　　药　家庭用药　价值不超过人民币1元

自用特效药　必须交验医生证明，价值以不超过人民币5元为限

**衣服类**

衬衫　1件

汗衫、内衣、童装、袜子　共2件

**鞋　类**

胶鞋、雨鞋、童鞋　共1双

**玩　具**　价值在人民币1元以内的

**文化用品类**

日记本、练习簿、铅笔、铅笔刨、铅笔盒、书夹、米达尺、小三角板等，价值在人民币1元以内的

# 13.海关对铁路进出国境列车和所载货物、行李、包裹监管办法

（1958年11月5日对外贸易部会同铁道部制定发布）

## 第一章　总　则

**第一条**　为了保证对外贸易管制制度的有效实施，便利铁路运输业务，特制定本办法。

**第二条**　进出国境列车必须在国境车站停留，接受海关检查。货物列车停留的时间，由国境车站会同海关规定。旅客列车停留的时间，由铁道部会同对外贸易部规定。

本办法所称列车，包括机车、客车、货车、邮政车、行李车和守车等在内。

**第三条**　进境列车自到达国境车站停车的时候起到海关检查完毕止，出境列车自海关开始检查的时候起到列车开行止，未经海关许可，不准移动、解体或者调离。

海关检查列车的时候，车站（或者列车长）应当指派工作人员在场，并且按照海关的要求，负责开启车门、列车上的房间或者开拆车上可能藏匿走私物品并可能开启的部分。

**第四条**　海关检查进出国境列车，发现有未列入单据的货物、物品或者其他违法以及有破坏嫌疑等情事，在必要的时候可以通知车站将有关车辆调到指定地点，进行处理。

**第五条**　铁路编制的未办完海关手续的进出国境货物、行李和包裹的商务纪录或者普通纪录，应当由办理海关手续的车站，送交海关一份。

**第六条** 进出国境列车服务人员所携带的物品，应当以个人在旅行途中必须使用的自用物品或者公用物品为限。

进境列车在海关检查完毕前，出境列车在海关检查开始后，列车服务人员，非经海关许可，不准离车。

**第七条** 国境车站上停留进出国境旅客列车的站台，除留作旅客和铁路执行职务人员的必要出入口外，其余的出入口应当从进境列车到达或者出境列车由海关开始检查的时候起，由车站负责予以关闭，直到进境列车海关检查完毕，出境列车开行止，才准开启。

**第八条** 海关有权对停留在国境车站上的一切列车进行检查，国境车站应当予以协助。

## 第二章 进出国境列车的报关、检查和放行

**第九条** 进境列车到达国境车站和出境列车驶离国境车站的时间、车次、停发车地点，由国境车站事先通知海关。

**第十条** 进境列车到达国境车站的时候，出境列车驶离国境车站前，列车长或者车站应当将列车组成单（或者货物交接单）送交海关。

**第十一条** 海关在列车检查完毕放行后，应当及时通知车站。

对进境旅客列车，海关如果在列车停留时间内，对旅客行李物品检查不完的时候，可以派员随车继续检查，由国境车站站长开给往返免费乘车证明。对海关人员的往返乘车，有关车站和列车长应当予以便利。

## 第三章 进出国境货物、行李、包裹的报关、查验和放行

**第十二条** 联运进出国境的货物、行节和包裹，由国境车站向海关递交下列有关单据，办理报关：

（1）货物运单或者行李、包裹运送报单和附件；

（2）进口或者出口许可证件（货物明细单）；

（3）货物交接单或者行李、包裹交接单；

（4）货车装载清单；

（5）海关需要的其他单据、证件。

**第十三条** 在到达站海关完成海关手续的进口货物和包裹，和在发站办理海关手续的出口货物和包裹，由收、发货部门或者他们的代理人向海关递交下列单据，办理报关：

（1）货物运单或者包裹运送报单和附件；

（2）进口或者出口许可证件（货物明细单）；

（3）海关需要的其他单据、证件。

进口的起票行李，在设有海关的到站，出口托运行李，在设有海关的发站，向海关办理进出口手续。

上述的货物、包裹和行李，未经海关查验放行，铁路不得交付或者承运。

**第十四条** 国境车站和进出口货物的到、发站，应当及时将未办完海关手续的货物停留的场所或者货物交接、装卸、换装的时间和地点，及时通知海关，并且在海关查验货物的时候，按照海关的要求负责办理开拆车辆封志，开启车门或者篷布，搬移或者起卸货物、开拆包装、衡量、重新包装等工作。

**第十五条** 没有运单或者行李、包裹运送报单，以及与上述单据不符的货物、行李和包裹，海关可以扣留。在车站补送上述单据或者递交证明，确系原单据上所列的货物、行李、包裹的时候，海关可以予以放行；也可以根据车站的要求，准予退运国外或者返回原发站。

**第十六条** 货物、行李和包裹经海关查验相符后，在货物运单或者行李、包裹运送报单上加盖“放行货物章”，发还车站作为海关放行货物的证明。

## 第四章 承运海关监管货物应办的手续

**第十七条** 海关监管货物是指未办完海关手续的进口货物、行李、包裹，已办理海关手续尚未出境的出口货物、行李、包裹和过境的货物、行李、包裹。

**第十八条** 海关监管货物起运前，车站应当将有关货物的运单或者行李、包裹运送报单，连同填制的货车装载清单或者行李、包裹装卸交接证（进口行李、包裹应按不同到站填制交接证），送交海关。海关查核无讹后，在运单或者运送报单上加盖“海关监管货物”戳记，连同关封返还车站凭以起运。海关关封应当交由车站转交列车长连同运单或者行李、包裹运送报单一起，带交国内到站或者出境站海关。

**第十九条** 海关监管货物运抵出境站或者到达国内站的时候，车站应当立即将货物运单或者行李、包裹运送报单，连同关封送交海关。

**第二十条** 海关监管货物在起运前，如果变更国内到达站或者出境站，车站应当事先通知海关。如果在运输途中变更国内到站或者出境站，有关车站应当连同原关封带交变更后的到站或者出境站海关，并且由接受变更的车站转告起运站海关。

变更的国内到站必须是设有海关的车站。

**第二十一条** 在运输途中丢失的海关监管货物，铁路应当在向货主或者旅客支付赔偿款额的时候，负责将应当交纳的税款代替货主或者旅客直接交与海关。

**第二十二条** 经海关准许在国内到达站完成海关手续的旅客随身携带物品，由海关予以加封，并且将旅客行李物品申报单封交车站转交列车长带交到达站海关。

## 第五章　附　则

**第二十三条** 进出国境的养路器材，为修理车辆用的材料、零件、工具、轮对和台车等，以及铁路员工携带进出国境自用的粮食、蔬菜和必需的日用品等，车站应当向海关申报。监管办法由国境站海关会同车站制订。

**第二十四条** 对需要返还的篷布、空容器等，收、发货人或者他的代理人应当填写“收、发货人的篷布或空容器免税返还证明书”，送由国境站海关签印发交车站凭以免税返还。

**第二十五条** 本办法自1958年12月1日起实施。

# 14. 海关处理没收物品办法

（1958年11月15日对外贸易部发布施行）

**第一条** 为加速没收物品的处理，防止积压损耗，使变价及时缴库，特制定本办法。

**第二条** 下列没收物品交由专管机关或国营企业部门收兑或处理：

（一）金、银、中外金银质硬币、国家货币、票据及证券，交由中国人民银行收兑。

（二）外国纸币、外币票据、外币债券、外币股票，交由中国人民银行收兑、托收、保管或处理。

（三）盐，交由中华人民共和国轻工业部盐务总局所属盐务机构卖出，没有盐务机关的地方则交由当地售盐单位卖出，在价款内扣提盐税交给当地税务机关后，将所余价款解送海关。

（四）钻石和镶金银的珠宝、饰物，交由中国土产出口公司所属的各省、市分支机构、特种工艺品出口公司或翠钻收购部收购。

（五）麻醉药品，交由国营医药公司收购；所称麻醉药品是指卫生部管理麻醉药品暂行条例第二条所规定而属于该条例施行细则第五条所称“供应麻醉药品暂行范围表”内所列者而言。

（六）中外邮票，交由中国集邮公司收购或处理。

**第三条** 下列没收物品无偿移交专管机关：

（一）武器、弹药、爆炸物品、毒品、吸毒用具、无线电收发报机、反动书报及其他政治破坏性物品，移交公安机关。

（二）珍贵文物图书，移交当地文化局或其委托或指定的机关。

（三）国家或地方公债券、经银行鉴定无法收兑的国家货币、票据及证券、伪造及变造的人民币，移交中国人民银行。

（四）企业股票，属于中央与省（市）级管理的企业，移交交通银行；属于县（市）级管理的企业，移交地方财政机关；在华外商企业股票，移交中国人民银行。

（五）已摄成的电影片，移交中华人民共和国文化部电影局或其委托或指定的机关。

（六）机动船只，移交中华人民共和国交通部所属船舶主管机关。

（七）因残旧或规格不适用而无法变价的物品，移交当地财政部门。

本条所列各项没收物品，海关应于移交时取具接收机关收据存查。

**第四条** 下列没收物品应由海关销毁：

（一）经卫生机关宣布禁止使用的药品及化验证明不合规格并无法利用的药品。

（二）诲淫书图、影片及物品，黄色唱片。

（三）赌具及彩票。

（四）酷似真枪的玩具手枪。

（五）根据规定没收的空白票据。

（六）在查扣时已经损坏并失去价值的物品，经银行鉴定已无价值的外汇票据及证券。

**第五条** 没收物品，除第二、第三、第四等条所列者外，属于商业部门经营范围以内的货物，交由商业部门收购。外国货物按市场零售牌价的六五折作价；中国货物按市场零售牌价的七五折作价。残次物品以及没有零售牌价的物品，可根据具体情况由海关与收购单位协商作价。属于商业部门经营范围以外的货物，海关可以委托国营公司或者公私合营寄售店寄售，或者以标售、拍卖等方式出售。

**第六条** 海关按第二、第五条变价的没收物品，不另征关税，但应缴的工商统一税由海关从货物实际变价内扣除缴库。

**第七条** 依照暂行海关法规定由海关处理的过期未报、未税及放弃的货物、行李物品，应按本办法第二、第五条的规定变卖。

**第八条** 本办法由中华人民共和国对外贸易部发布施行。

# 15.海关对国际航行船舶和所载货物监管办法

（1958年12月31日对外贸易部会同交通部制定发布）

## 第一章　总　则

**第一条**　为保证对外贸易管制制度的有效实施，便利国际航行船舶（以下简称船舶）的运输，制定本办法。

**第二条**　船舶除经交通部会同对外贸易部特准的以外，只准在设有海关的港口停泊和装卸客货。

**第三条**　船舶到港和离港的时间，由港务机关预先通知海关。

**第四条**　船舶在港口内停泊和装卸客货的地点，由港务机关会同海关指定。

船舶在港口内移泊，须由港务机关征得海关的同意。

**第五条**　船舶从到港起至离港止，应当受海关的监管。海关认为必要的时候，可以进行检查。

船舶在港口停留期间，由于不可抗力，必须暂时离港，来不及向海关申报的时候，可以先行离港；但是回港后，必须立即由船长向海关报明离港的原因和情况。

**第六条**　船舶装卸货物、旅客行李、国际邮袋和其他物品，须经海关许可，并且在海关监管下进行。

## 第二章　船舶的报关、检查和放行

**第七条**　船舶进口的时候，船长应当向海关送交船舶进口报告书一份（格式见附件一[①]）和下列文件：

（一）进口载货清单一份；

---

① 国际航行船舶进口报告书格式从略。

（二）进境旅客清单一份（没有进境旅客的免交）；

（三）船舶备用物品、货币、金银清单一份（格式见附件二①）；

（四）船员自用物品、货币、金银清单一份（格式见附件三②）；

（五）船员清单一份；

（六）海关需要的其他单据证件。

在同一航次连续到达我国两个或者两个以上港口的船舶，除在第一个港口外，到达其余港口的时候，可以免交船舶进口报告书和上述（三）、（四）两项所列的单据。

**第八条** 船舶申请出口或者开往我国其他港口的时候，船长应当向海关送交下列文件：

（一）出口载货清单一份；

（二）出境旅客清单一份（没有出境旅客的免交）；

（三）船员更动报告单一份（没有更动的免交）；

（四）使用人民币结余清单一份（见本办法第十八条）；

（五）海关需要的其他单据证件。

**第九条** 在同一航次连续到达我国两个或者两个以上港口的船舶，船长应当负责将海关交给他的关封完整无损地带交下一港口的海关。船舶在我国各个港口间航行途中不准驶往外国。

**第十条** 船舶到港后，在海关检查船舶和船员行李物品完毕以前，船员未经海关许可，不准离船。

船员携带自用物品、货币、金银上下船，应当向海关申报，由海关查验放行。

**第十一条** 海关检查船舶的时候，船长应当指派人员到场，并且根据海关的要求，开启船上的房间、仓室和储存处所。海关认为必须开拆船上可能藏匿私货部分的时候，船长应当立即照办。

海关检查船员行李物品的时候，有关船员应当根据海关的需要准时到场，并且开启行李、包件和储存物品的处所。

① 船舶备用物品、货币、金银清单格式从略。

② 船员自用物品、货币、金银清单格式从略。

海关检查船舶完毕，船长应当在海关编制的检查记录上签字。

**第十二条** 在海关检查到港船舶完毕以前和检查离港船舶完毕以后，除参加检查船舶的人员和引水人员以外，其他人没有经过海关许可，不准上船。

**第十三条** 离港船舶，经海关同意放行后，港务机关才应当准许船舶出口。

## 第三章 船用燃料、物料、货币、金银的监管

**第十四条** 船用物料和船舶、船员所有的货币、金银，在船舶停留港口期间，如果海关认为必要，可以加封；船长应当负责保护海关封志的完整。

**第十五条** 船舶添装船用燃料、物料，应当由船长或者他的代理人向海关填交清单一份（添装饮食用品可以口头申报），由海关核查放行。

**第十六条** 同一公司的船舶相互调拨船用燃料、物料，应当由船长或者他的代理人开列清单，报经海关核准后，在海关监管下进行。

**第十七条** 船舶借支的人民币应当由船长或者他的代理人，在携带上项人民币上船的时候，向海关送交“借支人民币清单”一份。

船舶、船员以外币、金银兑换人民币，应当向海关报明，并且交验银行的兑换单。

**第十八条** 船舶出口或者开往我国另一港口以前，船长应当编制“使用人民币结余清单”一份，送交海关查核（没有借支和兑换人民币的免交）。

如果船舶是直接开往外国港口，结余的人民币应当在海关监管下，由船方交给他的代理人，不准携带出境；如果船舶是开往我国另一港口，结余的人民币可以由船长或者船员自己保管。

**第十九条** 中国籍船舶在国外购买的燃料、物料，应当在船舶备用物品清单上填报，并且把港务机关核准购买上项燃料、物料的文件连同有关的发票，送交海关核查。

船舶在国内添装燃料、物料，由出口地海关，在必要的时候，

根据船上的记录进行核查。

船舶出口如果需要携带人民币，预备在我国沿海口岸使用的时候，应当向出口地海关报明，由海关将人民币加封后交由船长负责保管，于下次进口的时候，报请进口地海关核查。

本办法第十四、十五、十六、十七、十八条的规定，不适用于中国籍船舶。

## 第四章　货物的报关、查验和放行

**第二十条**　进口货物的所有人或者他的代理人，应当在货物运到港口的时候或者以前，把进口许可证件连同提货单、发票送交海关。

出口货物的所有人或者他的代理人，应当在出口货物装船以前，把出口许可证件连同装货单送交海关。

对于法定商检的进出口货物，按照商检机关的有关规定交验证件。

出口货物如果有退关的情事，发货人或者他的代理人应当在海关规定的时间以内，向海关报明。

**第二十一条**　进出口货物应当受海关的查验。海关查验货物的时候，货物所有人或者他的代理人应当在海关指定的时间到场，并且根据海关的要求，办理搬移、衡量、开拆和重新包装等工作。

**第二十二条**　船舶装卸货物的时候，应当按照装货单、提货单分清每批货物，并且正确计算件数。

海关可以随时查核船方与港务机关的理货记录。如果发现货物混乱或者件数不清，船方和港务机关应当根据海关的要求立即设法清查纠正。

**第二十三条**　船舶起卸货物完毕，港务机关应当将他们和船方编制的交接货物证件副本一份送交海关；如果货物有多、短、破损的情事，还应将编制的有关记录副本一份送交海关。

**第二十四条**　海关监管的进出口货物，应当存放在经海关同意的仓库场所。

**第二十五条** 进出口货物经海关在提货单或者装货单上盖印放行后，港务机关、货物所有人（或者他的代理人）和船方才可以交付、提运或者装船。

## 第五章 船舶垫仓、压仓物品的监管

**第二十六条** 船舶起卸垫仓、压仓物品（已列入进口载货清单的除外），应当由船长或者他的代理人编制清单一份报请海关核准。报明复运出口的垫仓、压仓物品，应当从起卸之日起六个月内运出，海关凭进口时申报的清单核放；对不复运出口的垫仓、压仓物品，收货人应当从起卸之日起两个月内向海关办清进口手续。逾期没有复运出口或者办清进口手续的，由海关变卖，所得价款在扣除搬运、保管等费用后，全部上交国库。

船长声明放弃的垫仓、压仓物品和扫仓地脚，可以由船长或者他的代理人，也可以由接受单位口头向海关申报，经海关同意后，由接受单位处理。

**第二十七条** 船舶添装垫仓、压仓物品，应当由船长或者他的代理人编制清单一份，报请海关核准。对于需要复运进口的垫仓、压仓物品，应当加填清单一份，经海关签证后发还。

上述复运进口的垫仓、压仓物品，应当从海关签证之日起一年内复运进口，由进口地海关凭原签证的清单核放。

## 第六章 附 则

**第二十八条** 船舶如果遇险或者因为其他不可抗力的情事，不能驶抵设关港口而在其他地点停靠的时候，必须报告当地港务机关或者人民委员会，由他们代海关进行监管并且通知最近的海关，必要的时候，海关可以派人执行监管。

**第二十九条** 来自或者开往香港、澳门地区登记吨位在300吨以上的机动船舶，应当按照本办法办理。

**第三十条** 本办法自1959年3月1日起实施。

**图书在版编目(CIP)数据**

行政法史料汇编：1949—1965. 工业交通行政法 / 关保英主编. — 北京：中国法制出版社, 2022.12

ISBN 978-7-5216-2950-7

Ⅰ. ①行…　Ⅱ. ①关…　Ⅲ. ①工业企业管理—行政法—史料—汇编—中国—1949-1965 ②交通运输管理—行政法—史料—汇编—中国—1949-1965　Ⅳ. ①D922.102

中国版本图书馆CIP数据核字（2022）第178734号

责任编辑：侯　鹏　　　　封面设计：李　宁

**行政法史料汇编：1949—1965. 工业交通行政法**

XINGZHENGFA SHILIAO HUIBIAN: 1949—1965. GONGYE JIAOTONG XINGZHENGFA

主编 / 关保英

经销 / 新华书店

印刷 / 北京虎彩文化传播有限公司

开本 / 880毫米×1230毫米　32开　　　　印张 / 9.25　字数 / 249千

版次 / 2022年12月第1版　　　　2022年12月第1次印刷

中国法制出版社出版

书号ISBN 978-7-5216-2950-7　　　　定价：45.00元

北京市西城区西便门西里甲16号西便门办公区

邮政编码：100053　　　　传真：010-63141600

**网址：http://www.zgfzs.com**　　　　**编辑部电话：010-63141826**

**市场营销部电话：010-63141612**　　　　**印务部电话：010-63141606**

（如有印装质量问题，请与本社印务部联系。）